杉本直樹　著

部活動指導スタートブック

怒らずチームを強くする組織づくり入門

明治図書

はじめに

　中学校において、若い先生や教師になりたての先生が授業や学級経営、保護者対応と同様に悩むはずの部活指導。しかし、それについて述べられた論考を、私はあまり見たことがありません。

　私も部活指導については、少なからずしんどい思いをしました。そして、教職に就いて10年が経ち、少し身の回りのことが見えるようになってきたからこそ、この現状に問題意識を強く感じるようになりました。

　残念ながら、私が知る限りでは、部活指導を取り上げた初任研はあまりありません。では、大学の教職課程ではどこまで取り組まれているのでしょうか。私が調べたところ、「部活動指導」は教職課程の講義の一部であるところがほとんどでした。しかしながら、実際に採用されてからは「見て学べ」「やって覚えろ」というのが現場の実態です。

「目指せ全国大会！」などの目標どころか、もっと手前の部活動経営が立ち行かないケースを私は多く見てきました。生徒が言うことを聞かない、練習中に遊んでしまう、授業中に自分の部の子ばかり注意される。多くの先生方はそのような指導に日々追われ、技術指導に行き着くまでのところで悩んでいます。

本書は、そういった先生方や、将来、部活指導を夢見ている学生さんにぜひとも読んでいただきたい「部活動指導のスタートブック」です。中でも「部活動の組織づくり」に力点を置いているのが本書の特徴です（一読して「こんなハードルの低いことはやってられない」と思われるようでしたら、専門的な技術指導書をご覧になってください。おそらくそういった方には、本書は必要ないはずです）。

なお、私は中学校の教員であり、本書でも中学校現場を想定して論じていきますので、高校の部活指導とはまた異なる部分もあるかもしれません。それぞれの現場の実態や競技性に鑑みて読みかえていただければ幸いです。

２０１５年１月

杉本　直樹

Contents

1章 中学校の部活指導の実態

2章 部活顧問の仕事

3章 部活動の組織をつくる

組織を掌握するための13のアプローチ

組織づくりの軌道修正の仕方

組織の運営の仕方

組織の強化の仕方

組織づくりでしてはならないこと

4章 Case study 部活動のトラブルシューティング

1章

中学校の部活指導の実態

部活指導の前にこなすべき膨大な校務。
注意していても避けることができない生徒のケガ。
熱心に指導すればするほど重くのしかかる保護者の期待。
きれいごとだけでは語れない、
それが部活指導の実態。

実際に中学校で働いていると、部活指導への道のりはなかなか険しいことを痛感します。教師は実に様々な校務を抱えています。授業の準備ができないままでは部活指導はできません。「では家で授業の準備をしよう」となると、持ち帰り仕事になります。また、突発的な生徒指導事案が出てくれば、それに対処することになります。

校務があまりにも多岐にわたっているため、どこから手をつければよいかわからなくなります。特に若い先生はそう感じるはずです。優先順位を間違えると職場での信頼を失うことにもなりかねません。

部活指導に行き着くまでの道のり

ここでは、まず、実際に部活指導に行き着くまでに、具体的にどんな仕事があるのかをざっと押さえてみたいと思います。

授業

まぎれもなく教師の仕事の中心です。学校にいる時間のほとんどは授業をしているのですから。

授業はつくり込めばキリがありません。書店に出かけても、授業関連の書籍は多数あります。校種を問わず、毎日の授業の準備は、若い先生が一番苦心する仕事でしょう。しかし、うまくいくと、これほどやり甲斐を感じるものはありません。反面、失敗すると精神的なダメージが大きく、下手をすると、授業だけでなく学級も崩壊しかねません。

ですから、もし**授業を適当にこなして部活動指導に励もうとすると、周囲からの協力はもとより、信用すら一気になくすことになる**でしょう。授業を大切にするのは教師の基本姿勢です。部活動で結果を残している先生の授業はおもしろいものです。

小テスト

授業を進めていくと、内容の理解度や到達度を確認する必要が出てきます。そこで小テストを実施して採点し、再テストや追課題で学力の定着をはかります。やればやるほど基礎学力はつきますが、当然のことながら、採点業務や再テストの課題設定が必要になります。これを閻魔帳（教務必携）に転記します。

一回一回は小さな量ですが、こういう事務仕事がたまると、放課後にしわ寄せがきます。

会議

会議は、**生徒のための教員の話し合いが生徒とかかわる時間を奪う、**という大きな矛盾を孕んでいます。

効率的に進めても、教師は校務分掌でいくつもの役職を兼務しているので、月はじめは連日会議が続きます。たまった事務仕事がなくても、月中行事予定に組み込まれているので、絶対に外すことはできません。

もし自分がどこかの部署の長になれば、会議に提案する書類や議題を用意しなければなりません。小規模校であれば、新任の先生でも「○○長」という役職が巡ってくるかもしれません。経験が少ない中での運営、やりくりは想像以上に大変です。

そんな会議を終え、生徒のもとに行ってもすでに日没。そういう日も少なくありません。グラウンド整備や片づけをしている生徒を見て申し訳なく思う。そういう思いをすることもあるでしょう。

提出物チェック

学校では、毎日のように保護者向けのおしらせを発信し、中には集計したり内容をチェックしたりする必要があるものもあります。一度の量としては微々たるものですが、すぐに提出を求められるケースが少なくありません。もし**締め切り日があれば督促して提出を求めなければならないものもあり、意外と手間のかかる仕事**です。

日を過ぎると無効になる書類もたくさんあります。部活動よりもこのような事務仕事が優先されることも少なくありません。

教科担任の仕事としても提出物チェックはあります。評価につながるものなので、疎かにできません。プリント学習をすれば評価する仕事が待っています。評価は教師の大切な仕事。楽しいだけの授業は存在しません。丁寧にチェックするためには時間がかかります。

私はついつい溜め込んでしまうので、できる限り早くチェックして返却するようにしています。こういうクセをつけると、仕事が早くなります。

生徒指導

これも、教師として避けては通れない仕事です。

学校の校区のスーパーで生徒が迷惑行為をした、クラス内でからかいやいじめ事案があった、ネットがらみの生徒間トラブルが生じた……。こういった日常の諸々から起こる生徒指導案件は、一気に時間を奪います。いくら大会前であっても、自分のクラスや学年、部の生徒が関与していれば、かなり丁寧な指導が要求されます。丁寧ということは、時間も大幅にかかるということです。

しかし、こういった指導をなおざりにすれば、以後の人間関係や自分の仕事に大きな支障が出ます。**生徒指導は信頼関係の構築に大きく関与するものであり、ハイリスクハイリターンの大勝負のとき**です。絶対にミスは許されません。

大きな事案では一日で終わらないものもあります。そうなると、部活指導ができない日が続きます。問題に対処する時間が、一生懸命汗を流す生徒の大切な時間を圧迫していくのはつらいことです。

これらは、あくまで教師の仕事の一端です。

これだけを見ても、部活指導のための時間はなかなか確保できません。それどころか、部活指導に充てる時間は捻出しなければ確保できない、というのが実態です。

では、このような実態において、われわれ教師はいったいどのように部活指導を行っていけばよいのでしょうか。

部活指導の実態

部活指導は大きな負担

率直に言って、部活指導でラクをするのは簡単なことです。活動時間を短くし、休みを多くすればよいのです。近頃では「外部委託」も話題になっています。

私が勤める大阪市は17時までが職務にあたらなければならない時間です。ということは、17時を過ぎれば退勤してもよいことになります。

しかし、定時に退勤することはほぼ不可能です。先に述べた仕事がどんどん押し寄せてくるからです。たとえイメージ通りに終わっていても、そこからやっと部活指導です。

部活指導なんかせずに、さっさと退勤したいと思う先生には間違いなく負担です。体調が悪いときでも、部活指導をしようと思うと帰れません。病院にさえロクに行けないわけです。市販の薬で騙しだましやりすごすというのも珍しくありません。大会が近ければ、それも気になって、ますます病院に行きにくくなります。

生徒がケガをしたらどうでしょうか。

保健室の先生に連絡して生徒を病院に連れていくことになります。大きなケガであれば救急車を呼ばないといけません。ケガの大小を問わず保護者に連絡し、報告して、一日が終わります。

……と思ったら、学校ではまだ生徒が活動を続けています。場合によっては、病院から電話し、終わらせてもらうよう連絡しなければなりません。解散時のミーティングで配布物などがあればどうするか。これもどうにかしなければなりません。

部活動がひと段落して、ここからがデスクワークができる時間になります。いったい、時計は何時を指しているでしょうか。ヘトヘトになって帰路につき、寝て起きればもう次の日です……。さらに、「休日も部活」は暗黙の了解になってしまっていることがほとんどです。

このように、部活指導は教師にとって大きな負担です。**きれいごとだけでは語れない、それが部活指導の実態**です。

部活動は教育課程の「外」にあるもの

学習指導要領のこの文言をご存じでしょうか（傍線筆者）。

> 生徒の自主的、自発的な参加により行われる部活動については、スポーツや文化及び科学等に親しませ、学習意欲の向上や責任感、連帯感の涵養等に資するものであり、学校教育の一環として、教育課程との関連が図られるよう留意すること。
>
> （総則第4の2⒀より）

ここにあるように、部活動は教育課程との関連を図ることを求められています。実は、あれだけ生徒が熱心に、自分の**大切な時間をなげうって没頭している部活動は、教育課程の「外」にあるもの**なのです。

一方、部活動の意義や役割については、以下のようなことが述べられています。

> 中学校における部活動については、教育課程外の活動であるものの、学校教育活動の一環として中学校教育において大きな意義や役割を果たしていると言えます。
> （文部科学省HP　新学習指導要領・生きる力Q＆A）

教育課程外であるのに、その意義や役割を大いに期待されている。なんとも奇妙な位置付けです。部活動が制度上おかしいとよく言われるのは、このアンバランスさにあるものとも言えます。

わかりやすい例をあげると、土日に終日部活動の指導をしても、代休はありません。「部活動手当」というものがあるものの、指導に従事している時間や交通費などに鑑みれば、明らかにマイナスです。

お金では得られない価値がある、とはいうものの、ときに命の危険も伴う現場であり、かつ責任が大きいことを判断しなければならないのが部活動です。そんなリスクと背中合わせで部活指導は行われています。

休めない顧問と休む勇気

仲のよい、野球部顧問のA先生の言葉が今でも頭から離れません。A先生率いる学校は、大阪府の激戦区を勝ち抜き、見事夏の大会を優勝しました。三百を超える出場校の頂点ですから、私にとっては大きなあこがれです。

学校が勝ち上がっていっているちょうどそのころ、電車で偶然A先生と一緒になりました。チームの活躍ぶりや試合の様子などを話していると、A先生は、

「胃が痛いです……」

と冗談交じりに漏らしました。

そんなA先生の学校が優勝を決め、お祝いの言葉をかけたとき、

「やっと休めます。これまで休む勇気がなかったんです。生徒も疲れてると思いますわ」

と話してくれました。

そしてA先生は、その後胃潰瘍で入院し、しばらく静養を余儀なくされました。WBCの際、強靱な精神力の持ち主であるあのイチロー選手でさえ胃潰瘍になったといいます。A先生にとっても、勝ち上がるのは想像以上の苦労だったのでしょう。あのときの胃の痛みは身体からのSOSだったのです。

部活指導は、熱心にやればやるほど休みがとれません。**かかわればかかわるほど、保護者の方々からの応援や協力も大きくなり、休日=部活動という構図がますます強まります。**保護者から協力していただけるのはありがたいことですが、そのために、休むこと=サボっていること、と映ってしまうのは教員の立場として非常につらいことです。休めるときに休まないと、確実に授業や校務分掌などそのほかの仕事に支障が出てきます。

特に、「先生になって部活指導をやりたい！」と希望に燃える新任の先生は、バーンアウトしないためにも、部活指導には相当の心の準備が必要であることを理解しておく必要があると思います。**熱意はあっても身体がついていかない、というのは珍しい話ではありません。**

部活顧問が陥りやすい問題

さて、万全を期して指導しようとしても、うまくいかないことはあります。
以下は、部活顧問が陥りやすい問題の例です。

- ●専門外の部の顧問を任された。
- ●成績優秀な部の顧問を任され、前任者は転勤してしまっている。
- ●複数顧問の間で意見の相違がある。
- ●外部指導者との関係づくりがうまくいかない。
- ●保護者の要望が限度を超えている。

どれも大変難しい問題です。場当たり的な対処をすると、あとから取り返しのつかないことになる可能性もあります。本書では、**持続可能で現実的な部活動経営**を目指し、その具体的な提案をしていきます（2章「部活顧問の仕事」や、4章「部活動のトラブルシューティング」を参考にしてください）。

部活顧問とは「三つの学年の担任」になることです。それぞれクラスに文化があるように、その部ごとの文化があります。3年生が幅をきかせて指導に従わないこともあります。ときには、他の先生と連携することも視野に入れ、よい方法を探る必要があります。身の丈にあった対処こそが最善策です。

プライオリティを見誤らない

顧問が部活指導にのめり込めばのめり込むほど、部はまとまっていく傾向があります。時間をかけるわけですから、当然のことかもしれません。

しかし、それがときに体力、精神、時間を厳しく拘束します。

家族がかぜで寝込んでいるから家事をする人がいない。でもこれから部活指導……。こんなとき、どうすればよいのでしょうか。

地区で上位の学校となんとか練習試合を組んでもらうことができ、生徒もそれに向けて意欲的に練習に取り組んできた。その練習試合当日に、顧問である自分にどうしても外せない所用ができてしまったら、どうすればよいのでしょうか。

熱心な先生ほど、「ああ、子どもらに申し訳ない」と自分を責めるでしょう。そして、ややもすると、プライオリティを見誤って大切な判断ができなくなります。

もちろん、このような「自分でないといけない」というのは教員としては大切な自負で、顧問としての頼もしさにリンクします。

でも、それがアダになり、皮肉なことに、自分だけでなく結果として生徒をも追い込むようなことになりかねません。私が本書の冒頭であえてこういった大変な話を書こうと思った理由はここにあります。

私自身、新しい家族ができ、子育てをするようになり、一日の時間のやりくりや予定の調整の難しさに直面してきました。なかなかうまくいきません。今でもそうです。毎日やりくりに必死です。

部活指導とその他の校務との兼ね合い。その「誰しも通る道」でしんどくなったときの助けになれば。そういう気持ちからこの本は生まれました。

それでも部活指導は楽しい

ここまでは、部活指導の大変な面ばかりの話をしてきました。そんなにしんどいしんどいと言うのに、なぜ私は部活の指導をしているのでしょうか。

運動部、文化部問わず、生徒はとても部活動を楽しみにしています。ここでの出会いや体験が、生涯にわたって大きな影響を及ぼすことさえあります。生徒にとっては、学校生活の大きな思い出になり、成長の場になっているのです。

入学してきたときは落ち着きがなく、先生の指導になかなか素直になれない子が、3年生の最後の大会ではやり尽くして涙を流して引退していく。こういう場面をたくさん見てきました。そのたびに「もっとかかわってやれたかな」と反省し、新チームがスタートします。

このように、**生徒とともに様々なことを積み上げていくのが、部活指導の醍醐味**です。確かに、うまくいかないことも多くあります。でも、生徒は「先生、3年間ありがとうございました」と涙を流して去ってゆきます。ゆっくりと大人の階段を上っていく生徒たちを横で毎日見守りなら日々をともにするのです。

また、勝ったときの喜び、努力していた生徒が報われるカタルシス。そこにもドラマがあります。

2章

部活顧問の仕事

予算や活動場所にかかわる他の部活動との調整。
控えの生徒とのかかわり方。
外部指導者との連携。

技術指導だけが、
顧問の仕事ではない。

新任当初の私は、技術指導さえがんばればチームは強くなると思っていました。でも実際には、技術指導の前に、しっかりと指導しておくべきことがいくつもありました。

高度な専門技術を伝えられることは、生徒にとっても間違いなくプラスですが、その前にそれが指導できるために顧問としての仕事をしっかりと固めておかねばなりません。

ここでは、私が実際どのようにそれらを行っているのかを紹介しながら、部活顧問の仕事を整理していきます。

予算編成

部活動で使えるお金は微々たるもの

公立学校の財政はどこの自治体でも厳しいものです。学校全体で決まった額の予算が割り当てられ、学校、学年、委員会などに細かく枝分かれしながら、お金が配当されていきます。

ですから、**部活動で使えるお金は本当に微々たるもの**です。しかも、その微々たるお金を多くの部で分け合うので、備品や物品購入で使える額はさらに小さくなります。

全国的に見て、部費を生徒から徴収している、またはそういうことが制度的に可能なところはどれくらいあるでしょうか。生徒個人からお金を集めて部活動の運営資金に充てるということは昨今では難しくなりました。

お金の使途には監査などの目も厳しく、それこそ1円でも安く買い、不透明なお金には確実にメスが入ります。

無理をすると部活指導は破綻する

しかし、全国大会常連の強豪校などになると、遠征などにも当然お金がかかりますし、それに応じて独自のシステムが敷かれている場合があります。

お金がかかるのは仕方がないことだから、ときには顧問が自腹を切って……といった話もいろいろなところで見聞きします。それが美談のように語られているようなケースもあります。

しかし、そのようなリスクを背負ってまで部活指導を行う必要があるのでしょうか。少なくとも、私にはそこまではできません。ひょっとしたらそこが一つの壁なのかもしれませんが、これを超えるべき壁とも考えていません。

なぜなら、**無理が出てきたとたんに、部活指導は破綻することが目に見えている**からです。どれほど生徒のためと言っても、われわれ教師にも自分の生活があります。

道具の購入は生徒と相談してニーズを見極める

では、少ない予算をどのようにやりくりしていけばよいのでしょうか。ここが顧問の腕の見せ所です。

野球部では、まず消耗品にかなりの額を充てます。例えばボール。ボールは毎年たくさん買います。非常に使用頻度が高く、毎日の練習で摩耗していくからです。

高額な道具を買うときは、部員と相談して決めます。

「バット買おうと思ってるんやけど、どんなのがいい？」

「ファーストミットを野球部用で買おうと思っててな」

などと、生徒と一緒に考えます。

こういったやりとりの中から思わぬニーズが出てくることがあります。

例えば、バットなどは選手によって好みが分かれるので、顧問が「これだ！」と思って買っても、それが生徒にとって使いやすい道具ではない場合もあります。

実際、生徒に尋ねると、「先生、軽いのがいいです」という意見が出て、軽いバットより、飛距離が出るロングヒッター用の重いものに目が行っていた私の考えとの相違が明らかになったことがあります。このときは、生徒の意見を汲み、一番軽いものを調べて注文することにしました。

予算確保の道を開く対話

予算の組み方は学校によってそれぞれです。

5万円以内、希望をとりあえず上げて顧問間で調整、ほぼ無制限……などなど。最後の例は極端としても、学校ごとに大なり小なり違いがあるはずです。もしこのあたりの台所事情をご存じでなければ、事務室の担当の方とじっくり話してみることをおすすめします。

中でも気をつかうのが、顧問間で調整するパターンです。全体に割り当てられる額が決まっていて、その中で希望を出し合い、顧問間で協議、調整するという流れです。

ではもし、ベテランの先生が幅を利かせていて、我を通そうとしたらどうすればよいでしょうか。自分の部としての意見を言わないとほしいものは買えませんが、そのベテランの先生の部が結果を出していたりすると、真っ向から臨んでも勝ち目はありません。

こういった場合も、ケンカをすると後々悪い影響が出るので、大きな冒険はしません。予算編成は年度当初に行うことが多いと思いますが、会議の後にそのベテランの先生に予算の組み方について尋ねてみてはどうでしょうか。出方を知るのは今後の参考になるはずですし、何よりその先生の感覚がわかります。ひょっとしたら相容れないものかもしれませんが、それは尋ねてみてはじめてわかることですから、試す価値はあります。もし、**建設的な話し合いができそうであれば、そこで自分の主張をきちんと述べればよい**でしょう。

ちなみに、予算を申請するときに、「とりあえず上げておこう」という考え方は、事務担当の方が一番嫌います。何が必要かということに無頓着であり、かつ公金を扱っているという意識が希薄だからです。

また、どの部もたくさん予算がほしいのは同じことなので、予算案が生徒の意見を汲んだものであるかどうかも重要です。ですから、**予算を考えるときは生徒と相談するのが一番**です。顧問が案を出すのはいっこうに構いませんが、実際に活動している生徒たちがほしいものを買えるチャンスなので、このやりとりは大事です。

うまく予算を確保して、道具を購入することができれば、顧問と生徒の間に連帯感が生まれます。

このように、予算編成のときも、予算案を考えるときも、大切なのは対話を怠らないということです。

練習場所の確保・調整

自分の部だけ好きなようには使えない

運動部の活動には、練習場所が必要です。

当たり前の話ですが、自分の部だけ好きなようにグラウンドや体育館を使うことはできません。私も、自分が顧問を務める野球部に、毎日グラウンドを全面使わせてやりたいと思っています。でも、毎日なんて贅沢な話で、実際はかなり制限された中での活動になっています。おそらくどこの学校でも少なからず似たような状況でしょう。

グラウンドを使う部は、陸上部、サッカー部、ラグビー部、野球部、ハンドボール部、ソフトボール部……などたくさんあります。体育館を使う部は、バレーボール部、バスケットボール部、卓球部、バドミントン部などです。体育館を使う部は、男女の区別がある場合が多いので、数はさらに倍になります。

これらすべての部が自分たちの使いたい場所で活動するというのは現実的ではありません。そうなると、**交代制や日替制で活動する**ことになります。たとえ施設が広くても、競合する場合は同じことです。

生徒自身が工夫できる余地を残す

このように、練習場所の確保・調整は実に悩ましい問題です。

では例えば、サッカー部がグラウンドを使えない日は何をして活動するでしょうか。おそらく校舎内でトレーニングをしたり、渡り廊下あたりで少しボールを使ったりするような練習になるでしょう。グラウンドが使えないから仕方ありません。

……と思うのは、実は大人だけです。場所がないからできる場所でできることを……と一生懸命取り組める部がどれくらいあるか。サッカー部員の生徒なら、だれもが広いグラウンドでプレーしたいのです。

こうなると、生徒の練習に対するモチベーションの問題が生じてきます。ややもすると遊び出し、ふざけあって、練習が単なる時間つぶしになることもあります。度を超えると、無用なトラブルが起きることすらあります。

もし学校の状態がしんどいときは、こんなときに外部から思わぬ妨害が入ることがあります。周りから見てもふざけているとわかるというのは、隙だらけの状態です。同じ学校のしんどい子たちが乱入し、一緒になって遊んでしまうということも、部活動の現場で起きることなのです。

実際、会議で指導がロクにできず、ほとんど任せきりの状態で活動しているときに無法地帯になってしまったという例も見聞きします。

これは極端な例かもしれませんが、自分たちが思う存分プレーできない、活動できないとき、生徒の意欲は削がれがちです。**どれだけ真面目な生徒ばかりの集団でも、ある一定の刺激がないとマンネリになり、いい加減に時間を浪費するばかり**です。

ですから、部活動の組織づくりという視点から考えて、**本来の練習場所とは違う、狭い場所などで練習に取り組ませる際には、「生徒自身が工夫できる余地」を残しておく**ことをおすすめします。

平日の練習

朝練は必要or不要？

平日の放課後に練習できる時間は限られています。そのため、それを補完すべく、授業が始まる前の小一時間を使って、いわゆる「朝練」を行います。

先般、ある県の教育委員会から「朝練禁止」が通達され、関係者に衝撃が走りました。これは非常に興味深い動きです。

私自身は、朝練は必要ないのではないかと考えていますが、高校時代には朝練を経験しました。朝練は毎日あり、いまだに朝練に遅刻する夢を見て、飛び起きることがあるくらいです。とにかく苦しい記憶です。

「では、朝練をやらずに、練習時間をどのようにして確保するのか」という指摘を受けそうですが、そもそも「少ない時間でどう練習していくか」を考えることの方が大切ではないでしょうか。

朝練のリスク

朝練は少ない練習時間を補完するためには効果のあるものですが、一方でリスクもあります。

まず、練習後の授業中の集中力が問題になります。集中力というより、要は生徒が眠くなってしまうということです。

さらに、朝食をロクにとらずに朝練に参加して体調を崩すというリスクもあります。「朝食をとってから練習に臨むように」と顧問が言っても、ギリギリまで寝て、遅刻しないように練習に臨む生徒が多いことは想像に難くありません。食事もとらず練習に臨み、パンやおにぎりを詰め込んで1時間目に臨む。高校ならまだしも、中学校なら、決められた時間以外に何かを食べるということも指導の対象になるはずです。

もし、一定の規則を設けて、練習時間内に食事をとる時間を確保したとしても、今度は保護者に負担をかけることになります。

「野球部は早朝練習を行います。7時集合なので、必ず朝食を持たせてください」

「7時に間に合うように、食事をとらせて送り出してください」

保護者会などでこうした発信をすることは、する側にとっては実に簡単なことです。

そして、そうしていないことに気付いたとき、

「あのとき言ったよな、朝食持って来いって」

「なんで朝ご飯食べて来なかったんや」

と言うのも簡単です。生徒は黙って受け入れるしかありません。

しかし、もし保護者の体調が優れず、食事をとらずに仕方なく朝練に出かけたのだったら……。さらに言うと、保護者が夜遅くまで勤めに出ているような家庭で、毎日朝早くから食事を準備することができるのか……。

このように、部活動というのは、生徒だけががんばるものではありません。**保護者がかかわれる度合いによって、生徒の活動範囲が決まってきます。**

毎日の小一時間のためにこのように生徒、保護者に大きな負担をかけるのは控えたいところですが、それでも練習をしたいという声が上がることもあるでしょう。それならば、

自由参加にして、自主練習のようなスタイルにするというのがよい方法です。

放課後練習を機能させるための組織づくり

さて、放課後の練習についてですが、使える時間は1時間半から、最大でも3時間くらいが限度ではないでしょうか。3時間は、普通の時間割では不可能でしょうから、多くの場合、2時間くらいの中でやりくりすることになるはずです。

運動部であれば、どの部でも練習内容はおおよそ以下のように分けられるでしょう。

1　準備　　2　ウォーミングアップ
3　技術練習　　4　片づけ

技術練習に充てる時間をいかに増やすかというのが、顧問が頭を悩ませるところです。

というのも、**組織がしっかりしていなければ、なかなか技術練習に行き着かない**からです。

いっこうに活動が始まらないので聞くと、補習で遅れて来る生徒が多かった、ある学年が放課後に行事の練習をしている、準備のときに遊んでいた……などなど、組織として未熟な部ではこんなことがよくあります。

例えば、放課後に行事の練習があるのであれば、

「今日は文化祭のリハーサルが学年であるので部活に遅れます」

と、その**学年の生徒が連絡をするようなシステム**があれば、顧問はそれを踏まえた準備をさせられます。

また、準備で遊んでしまうような雰囲気があるのであれば、**生徒たちの中で当番制を敷く**とよいでしょう。ボール係、バット係、ヘルメット係など、だれがやってもよい仕事に、あえて係をあてがうのです。だれがやってもよいからこそ、役割を決めないと他のだれかをあてにしてしまうものです。役割を機能させれば早く準備ができます。

技術練習も、毎日つきっきりで指導できるとは限りません。そういうことを踏まえて、練習のフレーム、パターンをある程度決めておくとよいでしょう。しかし、決まった形があっても、しばらくすると必ず雑になってくるので、キャプテンに様子を聴いたり、実際

にやらせてみたりして確認する必要があります。**刺激→継続→修正の繰り返し**です。

顧問が指導できないときにも、生徒だけでしっかり練習に取り組める、というのが理想の組織です。

休日の練習

休日練習は残念賞？

平日より多くの時間が確保できる休日の練習。じっくり技術練習に充てたいところです。

ただ、休日に練習試合に出ることが多い部での休日練習は、試合で活躍することの多い生徒にとって、いわば「残念賞」みたいなものです。そういった生徒にとって、試合は楽しいものなのです。

だからこそ、**休日の練習では実戦を想定した技術の向上をはかる練習にしっかりと取り組みたい**ものです。

控えの生徒とのかかわり方

一方で、試合で控えにまわることが多い生徒の気持ちは複雑です。試合ならついて行くだけで、自分の出番は少ない。出番が少ないと変に叱られることもないのに……。そんな微妙な心理状態にあるかもしれません。

実際、控えの生徒のだれもが闘志にあふれているかと言えば、そんなことはありません。そういったことも踏まえて、**控えの生徒が自分たちの練習になるような場面を必ず用意します。**

控えの生徒は技術的に未熟なので、どうしても前向きなプレーがなかなかできません。そこで、**普段なら1回で終わるような練習を2回、3回とさせる**ようにします。そこでよいプレーが出たらほめられますし、あまり進歩が見られなくても指導ができます。さらに、サボっているような態度が見受けられれば、個別に呼んで耳打ちします。

「他の子より苦手やのに、なんでやらないの？」

「こういうときにいいプレーを見せてくれたら、先生も楽しみが増えるんやで」

控えの生徒は、主力の生徒以上に顧問の声を気にしていることが少なくありません。見てくれているのかどうかが気になるのです。

控えの生徒には、気持ちの面で特有の「負の連鎖」があります。

「自分は下手」↓「だから試合に出られない」↓「出られないなら練習しなくてもよい」↓「先生はどうせオレのことなんか見ていない」といった具合です（実は私自身がそうでした。下手なのに見てほしい。じゃあ練習しろよな、と今なら思いますが……）。

ですから、**主力の生徒に目が行きがちな技術練習の折に、控えの生徒のよいところをほめる**のは効果的です。すぐにグラウンド整備に行く、頼んでもいないのにイスを用意してくれるなど、プレーには直結しないことでもかまいません。

「よう気が付いたな。ありがとうな」

「こういうことに気が付けるってええやんか。絶対うまくなるわ」

と、一言添えることで、俄然やる気を出してくれます。

休日、平日問わず、日々の練習はメインの活動で、学校で言えば授業のようなもの。何を目標に活動するのか、これは何のための練習なのか、そういう「めあて」を決めて取り組まないと、日々がただ過ぎ去っていくだけです。逆に、しっかりと積み上げができれば、練習試合や公式戦が楽しみになってきます。試合を楽しみに思える部は必ず強くなります。強くなろうとする過程で成長もあります。

「もうすぐ公式戦やな。楽しみやねん、今回」

こんなことを言い合えるチームづくりは楽しいものです。

ミーティング

運動部にミーティングは不可欠です。

ここでは、ミーティングを2つの種類に分けてみていきます。**あるテーマについて話し合う「通常ミーティング」と、日々の練習後の「反省ミーティング」**です。

生徒が主体的に話し合う「通常ミーティング」

「通常ミーティング」は、顧問が先導する場合もありますが、生徒だけで主体的に話し合わせることをおすすめします。チームの目標を検討したりする場合に有効です。顧問はあえて席を外します。顧問が話し合いの輪の中に入ってしまうと、その意見が絶対的になり、生徒はどうしても遠慮してしまいます。

また、次のような**大まかなフレームだけ生徒に与え、後はキャプテンや部長に全権委譲**

して、何も言わずに様子を見守るのもよいでしょう。

●なぜこのテーマなのか
●具体的方策
●時間設定

これについては、次章でも触れます。

「反省ミーティング」で部の方針の徹底をはかる

「ありがとうございました！」という練習終了の大きな号令の後、顧問には大きな仕事が待っています。活動の総括・反省を集まった生徒に伝え、振り返らせる必要があるからです。この「反省ミーティング」は、部の方針の徹底がなされる場ですから、ここでは丁寧にその日の練習を振り返り、省察できるようなことを述べたいところです。

「今日のバッティング練習のとき、声がなかったよね？」

「エラーの後は、もう一本ノックをもらってもいいんちゃうの？」

などと具体的な指摘やアドバイスを行い、生徒はその場面を思い出して振り返ります。

ところで、この反省ミーティングでは、顧問が注意しなければならない二つのポイントがあります。

●技術的な話の前に話すべきことがないか。
●その日の活動の実態をわかっているか。

技術的な話の前に話すことがないか

本当は技術的なことの話をしたいのに、もっと初歩的なことについて指導する必要があれば、そちらに時間を充てなければなりません。

例えば、1年生が授業中に注意された、2年生が地域で迷惑をかけた……など、部活動が学校という枠組みの中で行われていることを強く意識させるための話が必要な場合があります（これは、よく考えてみるとちょっと不思議なことで、どの生徒でもつまらないことをして注意されてはならないはずなのに、「あ、野球部の○○くん、また今日もそんなことしてるの？」と皮肉めいた注意をされると、途端にハッと我に返る生徒が少なくありません。教師としては、本来そういった部活動のことは持ち出さずにきっちり生徒指導をやりきるべきであるという点に注意が必要です）。

部活動には一生懸命打ち込めるのに、授業やその他の学校生活はからっきしダメというのはもったいないものです。ですから、**部活動以外のことをがんばると部活動にもよい影響があるということを話してやる**のも一つの手です。

授業に一生懸命取り組み、行事の準備や清掃活動もがんばれる。地域でもきっちり挨拶ができる。そんな生徒になれば、みんなその子を応援したくなる。応援されればがんばろうという気が起きる。がんばれるから結果が出るようになる。こういうよいサイクルができていくことを教えるわけです。

苦手なことはいい加減にやってしまうというのはありがちなケースですが、言ってみればそれはその生徒の生活のクセです。常に一生懸命やっているように見える部活動の中でも、一生懸命やっていることといい加減にやっていることがあるはずです。

苦手なことに真正面から向き合うというのは、よいプレーヤーになるために必須の条件です。

その日の活動の実態をわかっているか

顧問といえども、その他の校務に追われ、毎日しっかりと練習を見ることができるとは限りません。そうなると、部活動はある程度生徒に委任して行われることになります。にもかかわらず、ロクに実態も把握しないまま反省ミーティングを行うと、思わぬ痛手に遭います。

特に、いきなり説教めいたことを述べたりすると、

「先生は練習を見てもいないのに……」

と反感をもつ生徒が少なくないでしょう。

そこで私は、

「今日はごめんな。だれもケガしてないか?」

「今日はどんな練習ができた?」

と、**まずは与えたメニューの進み具合やチームのムードをうかがうようなことを生徒に尋ねます。**そこでよい反応が返ってこなかったら、

「そうか、じゃあ次はこうやってみるか」

「あれ、そんなことがあったんか。じゃあ明日みんなで話し合おうか」

などと今後のプランニングをします。

また、会議など別の仕事があるために、顧問が必ず練習につけるわけではないということを生徒にわかってもらい、

「一緒にできる時間をお互い大切にしよう」

「先生が来たときにガッカリさせないでほしい」

といったことを常々話しておくことも非常に大切です。

これは、決して生徒に迎合しているわけではありません。指導する側と指導される側が自分の立場をわきまえたうえでの「フラットな関係」を意識して反省ミーティングができ

ると、変な不協和音が出なくて済みます。

実際、ひと昔前はここまでしなくてもよかったのかもしれません。しかし、このように**生徒に対して誠意ある向き合い方をしておくと、むだな力を抜いて生徒と付き合える**ようになります。

ミーティング一つとっても、顧問の仕事は奥深いものです。

練習試合の設定

学校での練習、毎日同じメンバーでの練習では、どうしても緊張感が持続しません。そこで有効なのが、他校との練習試合です。陸上競技などであれば、他校との合同練習を行うこともあるでしょう。

練習試合を行うと、毎日の練習の課題が見つかったりします。試合で出た課題は、生徒もダイレクトに受け止め、向き合おうとするものです。**日々の練習で気付くようなことでも、練習試合を通して気付くと生徒の受け止め方が違ってきます。**

試合の相手がいない！

しかし、顧問になりたての先生やネットワークのない先生は、どうやって練習試合を組めばよいのでしょうか。グラウンドが狭く、試合ができないというケースもあるでしょう

（大阪市は都市部ということもあって、グラウンドが狭いことが顧問の悩みのタネです）。

とにかく早め早めにお願いをしないと、練習試合を組むことはできません。また、そういったお願いをして試合をやってもらえるのは、そういう相談ができる先生がいるからこそです。

では、どうやってそういう相談ができる先生のネットワークを広げていけばよいのでしょうか。地道なことですが、結局、**近隣の学校との縁を頼りに、お願いしていくというのが一番**です。もし、学校の外に出ることに部員が慣れていなければ、いきなり遠くの地域に出かけるのは危険を伴うことでもあるので、そういった意味でも、まずは近隣の学校に練習試合をお願いするというのは理に適っています。

外に出ることに慣れてくると、交通費を出し電車を使って出かけることもできるようになります。このように段階を踏めば、保護者に「自分の子どもの部は他校と試合をする」「交通費が必要な場合もある」と、少しずつ理解してもらうことができます。

これが、突然「よし、◯◯市の学校に出かけよう」と意気込んでも、外に出ることに慣れていないと「遠くまで面倒やな」と思う生徒が出てきます。しかも、それがお金を出しての移動となると、試合に出られそうにない生徒は欠席するかもしれません。

大げさな言い方かもしれませんが、**組織として成熟していないチームは、顧問がよかれと思って行ったことも、なかなか生徒に受容されない**ものです。ここで顧問が「意識の低い子たちやな……」と嫌気がさすと、チームの結束はなかなか強くなりません。

練習試合の申し込み方

練習試合を申し込む際に大切なのが、**相手校の顧問の先生に「どうやって試合を組んでおられますか？」と尋ねてみる**ことです。どの学校も悩むポイントに大差はありません。仮にその学校に断られたとしても、ひょっとすると他の学校を紹介してもらえるかもしれませんし、「じゃあまたやろうよ」と声をかけてもらえるかもしれません。

また裏技的に、**同僚のネットワークを活用する**のもよい方法です。強いチームがある学校から転勤してきた先生や、縁のある先生にお願いして、試合を組んでもらうという方法もあります。

このように、顧問が自分から発信していけば、いろいろな人が手助けをしてくれるものです。

試合の引率

部活指導で何より優先されなければならない大原則、それは**安全・無事故**です。これがあってはじめて、強いとか弱いとか、あのプレーがどうだ、という話ができます。試合会場に向かう道中でも、安全を確保するために顧問として指導すべきことはあります。

道具忘れはだれの責任？

例えば、試合に必要な道具の確認を怠らない、ということがあります。大きな大会であれば、**ある道具がないと試合をさせてくれないということがあります。**これには、道具がそろっていないと安全に試合ができないといったちゃんとした理由があります。

大会の役員をしていると、先生が生徒に「何で来る前に確認して来なかったんや！」と叱責するような場面を目にすることがありますが、これははっきり言って顧問の責任です。

ルールやマナーに気を付けられるチームに

さて、試合会場等に向かう際、自転車を使うときは交通マナーに、電車やバスを使うときは他の乗客の方に迷惑にならないように心がけさせたいところです。

- ●移動は基本的に制服（汚れた服では迷惑になる）
- ●券売機は1つ空けておく（自分たちだけで公共物を占有しない）
- ●電車に乗ったらドア付近で立ち止まらない（他の人が入れない）
- ●座席は空いていれば座ってもよい（空席があるのに立っているとかえって迷惑）
- ●荷物は座席では膝の上、立つときは自分の前（とにかく邪魔にならないように）
- ●バスに分乗するときは上級生が先発、顧問が同乗して下級生は後発
- ●道では2列を意識して歩く（隊列を意識すれば自分勝手な行動がしにくい）

具体的に生徒との間に以上のような約束事を設けておくとよいでしょう。浸透するまでに多少時間はかかりますが、一度決めておけば、引率の途上であれやこれやと細かな注意をしなくて済みます。

移動中は声かけの絶好のタイミング

当然のことながら、電車内では騒がないように指導します。すると、電車移動の時間はなんとなく手持ちぶさたになるものです。しかし、この**移動の時間は気持ちの上でフラットな状態であることが多いので、気になる生徒に声をかけます。**表情が冴えない生徒、前日に指導した生徒、前の試合でミスをした生徒など、ある程度決めて話をします。

もちろん、特にそんな必要がないときは、他愛ない話をすることもあります。リラックスした雰囲気でのやりとりが、生徒への理解を深めます。

中には、怖い顔をして生徒をにらみつけ、緊張感を与えながら移動する指導者もいます。しかし、結局これは恐怖による強制なので、見えないところで生徒の行動はいい加減になっているはずです。

　また、顧問の先生が部外者であるかのように、他の車両で居眠りをして移動しているのを見ることもあります。生徒たちはふざけあって乗客に迷惑をかけていました。カバンに学校の名前も書いてあるのになあ……と思うと、いたたまれない気持ちになります。

「では、声をかけて指導してやればいい」と思われる方もいると思いますが、自分のチームの引率だけでも大変なことですし、その学校に指導する立場の顧問がいる以上、その方を飛び越えて指導するのは難しいことです。

安全・健康管理

前項でも触れたとおり、部活動で何よりも優先されなければならない大原則は「安全・無事故」であることです（部活動に限らず、学校という場所はどんな活動においても安全が保証されていなければなりません）。

勝ち負けより大切なこと

成長期の真っ只中にある中学生に、目先の一勝のために無理をさせて故障させるようなことは何としても避けなければいけません。

私の友人に中学1年生にしてびっくりするような速い球を投げるピッチャーがいました。しかも努力家で、試合で投げるために自主的に投げ込み、試合で活躍してはまた投げられるように……と必死で自主練をしていました。

しかし、彼は1年生の秋に早くも故障し、以降投げることができなくなりました。彼が復帰したのは3年生の夏。当時の顧問の先生のすすめで怖々投げてみたら思いのほか調子が戻っていました。投げられるうれしさにまた練習し、なんとか最後の大会には間に合いましたが、中学校での彼の野球生活は暗いものでした。

このようなケースでは、本来なら**指導者が早く気付き、投球数を制限したり、試合の後は投げさせないようにしたりと、ブレーキをかけてやることが必要**です。逆に、**体を鍛えるためにある程度の球数を投げるように指示するなど、安全を大前提にしつつ、適切に調整してやるのも指導者の役割**です。

専門的な技術指導ができなくても、「無理をさせない」という当たり前のことを実践するのみです。

生徒も疲れる

プロの世界でサッカーの連戦がないのは、体力の消耗が激しいからです。しかしこれが部活動の世界だったら、「よし、今度の3連休で3連戦するぞ」というようなことも珍しくありません。
当然のことながら、それが**何の先見性もない場当たり的なセッティングであれば、生徒を消耗させるだけ**です。

連休明けには通常の授業が待っています。朝から疲れが残って授業中に居眠りでもしたら、「サッカー部タルんどるぞ!」と、生徒にすれば理不尽な注意を受けなければいけません。さらに、居眠りのことを知った顧問が腹を立て、その日の練習でペナルティめいたことを生徒に課すかもしれません。こんなことで生徒は顧問にどんな感情を抱くでしょうか。

サッカーとは少し違いますが、野球でも3連戦を計画するとすれば、生徒には前もって十分な体調管理を促します。それでも主力選手はかなり消耗することが目に見えています。一日に2戦するのが中学校の野球界では一般的なので、**2試合目は思い切ってメンバーをフルチェンジするなどの対策をとる**必要があるでしょう。

顧問のいないところで無理な練習をさせない

生徒の故障以外に安全管理を考えなければならないのは、普段の練習のときです。顧問がずっとつきっきりで見られるときは、少々難しいプレーを練習させても管理できますが、そうでないときはどうでしょうか。

大会が近いから凝ったプレーを練習させたい。でも、会議でどうもちゃんと見られそうにない。はっきり言ってこれは無理な話です。**大会が近いならなおのこと、まずはケガのないように、安全第一で練習を行うべき**です。

例えば、野球の本塁でのクロスプレーの練習では、三塁ランナーとキャッチャーが交錯しないように、ランナーにはキャッチャーがいない外に走り込ませます。練習としてはこれで十分です。イメージさえできていれば、しっかり指導できるタイミングで実際にそのプレーを練習させることもできます。

そもそも、まともに見ることができないのにハイクオリティの練習を求めるのは贅沢です。**生徒にも常々「先生がいないところで絶対に無理したらいけない」と伝えておく**必要があります。その繰り返しで、生徒が自ら体を大切にできるようになります。選手である生徒が、自分の体を大切にしてくれてはじめて、私たち顧問は部活指導ができるわけです。この事実は謙虚に受け止めたいものです。

外部指導者との連携

顧問の技術的な指導力や時間の不足を補うのに、外部指導者の活用は有効です。特に顧問に競技経験がない場合などには、経験豊富な外部指導者の存在は大きな力になります。しかし、学校外の方を指導者として招くわけですから、留意すべきこともあります。

- ●学校の実態を知ってもらう
- ●役割分担と責任の所在を明確にする
- ●指導方針を擦り合わせる

特に右の3点は重要なことなので、一つずつ確認していきましょう。

学校の実態を知ってもらう

外部指導者の多くは、学校の近くに住んでいるか、学校のことをある程度知っている方です。それでも、学校の実態、学年の実態は正確に知っておいていただく必要があります。特に、**学校がしんどい状況であるとすれば、それ相応の認識はもっておいていただく方がよい**でしょう。

しかし、当然のことながら、守秘義務も生じます。「あの子の家は○○だ」「△△の兄は□□だ」というような情報が外に漏れると学校の信頼が損われます。「2年生の●●くんは先生たちを困らせているらしい」「3年の▲▲がスーパーで万引きした」など、たとえ事実であっても、いたずらに広まると大変なこともあります。

指導者になるような方はコンプライアンスの意識をおもちとは思いますが、必ず守ってもらう必要があります。そのためには、**生徒の指導にかかわるような情報は顧問がその提示のしかたに十分気を付ける**必要があります。

「顧問の先生が言っていた」などと、言葉だけが一人歩きしてしまうと、自分自身が大変な状況に置かれることになってしまいます。

役割分担と責任の所在を明確にする

夏の大会の試合会場で見たある光景です。

ベンチの外に出て大声で生徒に指示を出し、本部から注意を受けている方がいました。年齢はおそらく五十代くらいでしょうか。何度も注意を受けているので、どうしたものかと思っていたら、どうやら外部指導者の方ということでした。

その一方で、顧問の先生はベンチの隅で何も言わず座っていました。事情を知らない人は、顧問の先生の方が外部の人では、と見紛うような光景でした。

これは極端な例かもしれませんが、外部指導者が熱意のある指導をするあまり、顧問の仕事との境界があいまいになってしまうことがあります。熱意のある指導は実にありがたいことで、顧問の助けになるのは間違いありません。しかし、それはお互いの立場を尊重し合ってこそ成立するもので、役割分担があいまいだと後々トラブルの原因になります。

ですから、**一番最初にしっかりと話し合い、お願いしたい役割と責任の所在をはっきりさ**

せておくことをおすすめします。

例えば、顧問がおらず、外部指導者が一人で指導していた週末練習で生徒がケガをしたらどうなるのでしょうか。それが学校内での出来事か、学校外での出来事かによっても話は変わってきます。このように、**あらゆるリスクを想定して、でき得る限り細かなことまで詰めておく**必要があります。

ちなみに、週末に生徒に活動させたいけれど、自分はその日に指導できそうにない、というようなときは、思い切って活動をオフにすることも一つの選択肢です。

指導方針を擦り合わせる

これは意外と難しい問題で、例えば、選手の起用法や作戦で意見が分かれたり、練習方法で考えが合わなかったりするようなケースが考えられます。

特に、選手の起用法をめぐっては、地域のスポーツ少年団でも、コーチや監督の意見が合わずケンカになるという話を聞きます。

学校の部活動において、私たちは技術の優劣だけを見て生徒を指導しているわけではありません。技術面では優秀でも、日常面で課題のある生徒もいます。そういう生徒を「今日の試合の出場は我慢させよう」「ベンチスタートでいこう」といった指導が部活動ではあり得ます。これは、お仕置きではなく、教育的措置です。

しかし、あくまで勝利にこだわるなら、その生徒の力が必要になるかもしれません。顧問としても悩みどころです。もしここで、外部指導者に、

「先生、あの子を出さないと試合に負けますよ。いいんですか」

と詰め寄られたらどうでしょうか。自分でもなかなか答えが出せないところにこんな質問をされたら、試合どころではありません。

こういう困った状況のとき、「今回あの子は出せないですよね」と、両者の意見が一致するのが理想です。だからこそ、**指導方針を常日頃から擦り合わせておく**必要があります。顧問より外部指導者の方が部の実情に詳しいなどもっての外です。ちょっとケースが異なりますが、複数顧問で指導している場合も同様で、指導方針の擦り合わせは欠かせません。

外部指導者との連携は、今後理想の指導形態になっていくかもしれません。文部科学省も『運動部活動での指導のガイドライン』（平成25年5月）の中で外部指導者について言及しています。教員の負担を減らすために、積極的にこの制度を活用させようという動き

もあります。私自身はまだまだ外部の方との連携は上手にできていませんが、お願いできる部分は思い切って委任し、学校にとっても生徒にとってもよい制度になっていくことを望んでいます。

指導時間の確保

放課後の時間をあてにしない仕事のやりくり

採点、プリントチェック、出席簿や日直日誌の点検、補習、会議、突発的な生徒指導……などなど、1章から繰り返し述べているように、教師には放課後にもやることがたくさんあります。

では、この合間を縫って部活指導の時間を確保するには、どうすればよいのでしょうか。これは仕事術の問題で、端的に言うと、**放課後の時間をあてにしない仕事のやりくりが必要になってきます。**

例えば、休み時間に少しずつ印刷物を用意したり、採点も少しずつやっていきます。中学校では、授業の空き時間もありますから、この時間も有効活用したいところです。会議への提案文書などであれば、早め早めにつくっていき、仕上げだけ直前に残しておくようなイメージです。

ちなみに、カリスマと呼ばれる先生の中には、早朝に仕事をしたり、長期の休みのときにまとめて仕事をする方もいらっしゃるようです。

少しの時間でも練習の場に顔を出すことの大切さ

しかし、しんどい状況の学校では、空き時間は存在しないに等しいものです。そんな時間は、ことごとく校内の見回りや生徒指導に充てられます。職員室でゆっくりデスクワークをしていようものなら、かえってひんしゅくを買ってしまいます。そんな学校もあるのが実情です。

それでも、一日の自分の時間を一度しっかり見直してみてください。**どこかに必ずスキマ時間があるはず**です。その少しずつを寄せ集め、マネジメントするわけです（**もしヘトヘトに疲れてそれどころではない、というならゆっくり休めばよい**と思います。休むことは悪いことではありません。若くてもしんどいときはしんどいものです）。

この心がけ一つで、少しずつ自分の中に時間を大切にしようという意識も芽生えてきます。その意識は、きっと部員の生徒にも浸透していくはずです。放課後に練習を見られる時間が少なくても、そのことを生徒が理解し、活動するようになっていきます。当然のことながら、少しの時間でも練習の場に顔を出すことで、顧問も生徒の協力に応える必要があります。

私自身、**他の校務でほとんど練習を見ることができなくても、なんとかして少しでも活動の場に行く**ようにしています。それがグラウンド整備のときや道具を片付けているときになってしまう場合もあります。それでも、**少しの時間でもかかわろうとする姿勢が一番大事**だと考えています。

また、先述のとおり、「今日はごめんな。だれもケガしてないか？」と練習後のミーティングで一言かけるだけでも、生徒の受け取り方はかなり違うはずです。生徒がそれに反応してくれたとしたら、こちらももっと時間のやりくりをうまくしていこうという気になれるはずです。

ただ、注意したいのは、**部活動至上主義で仕事をやりくりしようとしない**、ということです。会議や学年全体で指導が必要なことを放ったらかしにして部活指導をするのは筋が違います。優先順位をしっかりと踏まえたうえで、放課後の時間を少しでも増やす工夫をしていく必要があります。

応急処置の知識

運動部の顧問をしていると、実に様々なケガに直面します。選手同士の接触による骨折、無理をして施設に衝突、スパイクによる裂傷……。ごく小さいものまで含めると、毎日と言っていいほど生徒がケガをする場面はあるかもしれません。

応急手当てセットは必携

たとえ十分な配慮のもとに活動を行っていても、避けられないケガもあります。大きなケガであれば、当然すぐに病院に行くべきですが、軽微なケガであれば応急処置で済ませられることも少なくありません。学校内であれば保健室に連れて行けますが、学校外でも同様の対処ができるように、応急手当てセットを携帯することは必須です。

また、**ケガをするのはプレー中が多く、けがをした直後はあまり痛みを感じないことも**

あります。ですから、顧問が「おい、さっきのプレー大丈夫やったか？　ケガないか？」と声をかけるようにしたいものです。袖をめくると血が出ていた、ということも少なくありません。

有効な応急処置ができるように

絆創膏やテーピングは一番手軽な応急処置の方法ですが、それらを有効に活用できるようになっておく必要があります。

絆創膏は、貼る前に患部を消毒する必要があります。消毒液がない場合も流水ですすぎ、ある程度止血してからでないと、すぐに絆創膏がダメになります。

テーピングは、強い打撲や骨折の疑いがあるとき、その場所を固定するために使います。強く打った直後に曲がらないときは、ほとんどの場合が骨折です。これは、すぐに病院に連れて行くべきケースですが、事情によってできないときは、一時的に副え木など（指であればボールペン）の処置をします（あくまで応急処置です）。

慌てず冷静に対処するために

大会会場などには大人がたくさんおり、生徒がケガをしても比較的助けを求めやすいので、慌てず冷静に対処すれば大丈夫です。

一方、それが練習試合だったり、休日の学校練習だったりすると、対応できる大人が少ない場合があります。こんなときも、**ケガをした生徒のことを最優先に考えるべきで、試合や練習を中断することも視野に入れる**必要があります。すぐに保護者や管理職に連絡し、次の行動に移ります。

私は、学校のそばの河川敷で長距離走をさせていたとき、過呼吸になった生徒がいて、なかなか回復せず困った経験があります。過去に対処した経験からなんとか無事に乗り切りましたが、何もわからない人だときっと焦ると思います。**過呼吸は意外とよく起こるので、保健室の先生に、このようなときはどうしたらよいか教えていただいておく**とよいでしょう。ちょっとした処置でも知っているのと知らないのとでは大違いです。

3章

部活動の
組織をつくる

新任の顧問には納得できないルールでも、
組織の中にそのルールが設けられた理由は必ずある。
はじめから“新築”を望まず、
既存のもので使える部分はフル活用せよ。

自分自身の「部活動経営哲学」をもつ

本章では、具体的に部活動の組織づくりについて考えていきます。本書の存在意義はここにあります。「強いチームをつくりたい」「よい組織をつくりたい」というのはすべての部活顧問の願いだと思います。

新しい顧問が来ると、生徒も保護者も期待と不安を抱きます。

「今回の顧問は選手としてインターハイ出場経験があるらしい」

「新しい先生はずいぶん若いな」

などなど、一気に評判は広まります。自身に輝かしい経歴があればよいのですが、まったく経験のない部を受けもつ場合などには、それが大きなプレッシャーになります。

私は、無名のイチ高校球児でした。しかし、それでもなんとか今部活の顧問をやっています。これは、指導者になってから自分なりに勉強し、**自分自身の「部活動経営哲学」をもって指導スタイルを確立していっている**ということが大きいと思います。

ここで、私自身の部活動経営哲学の大きな2つの柱に少し触れてみたいと思います。

非熱血型指導スタイル

教師を志していた学生のころ、初期の『金八先生』の再放送を観ました。ドラマとはわかりつつも、気が付けば感情移入して食い入るように観ていました。金八先生が生徒に真正面からぶつかり、一喝し、生徒にとうとうと説諭するシーンは実に爽快で、「こんなええ先生になりたいな」と希望に燃えました。

しかし、今現在の部活動における私の指導スタイルは、こういったいわゆる熱血タイプとはかなり異なります。

生徒と一緒に汗を流し、トラブルがあれば情に訴えかけ、ときには涙ながらに説得する。これが熱血タイプの指導です。確かに、こんなふうにかかわらないと「この先生は冷たい」と思われてしまうような風潮もいまだにあります。

しかし最近は、**こういった指導にアレルギー反応を示す生徒が少なからずいます。**

「マジメにやらないなら帰れ！」

と叱責すると、

「じゃあ帰ってやる」

と平気で帰ってしまう生徒が実際にいるのです。

しかも、そんな生徒にある種のカタルシスを感じてしまう生徒もいます。**自分にはできないけど、反発をした生徒を憧れの対象としてとらえる**わけです。

例えば、授業や日常の場面ではその生徒を仲間として受け入れ、仲良くしているのです。顧問としては、一時的でよいから距離を置いてほしいと思っても、そんなことにはお構いなしです。顧問がそういった周囲の生徒にまでイラついてしまうと、部活動経営は悪循環に陥ります。

顧問のイライラを恐れ、生徒が一生懸命やっている「フリ」をするかもしれませんが、それは「やらないと怒られる」「大きな声を出される」という外発的動機付けに過ぎません。陰で生徒は顧問に対するフラストレーションを募らせていき、どこかで一気に暴発するかもしれません。

また、保護者に対する配慮も必要です。顧問の発言に説明を求めて来られる保護者もいます。生徒から伝え聞いた言葉の真意を知りたい、ということです。これも珍しいことではありません。ときには、**口調やトーンまで批判的にとらえ、発言の真意以前に態度の真意を問われる**ことさえあります。

地続きの指導

現在の教育では、生徒にじっくり向き合い、場合によっては遠回しな表現で生徒の心に迫ったり、あえて待ってみたりする指導が重視されています。

授業で言えば、詰め込み式、座学一辺倒が見直され、**グループワークやファシリテーションを取り入れた、場の空気を大切にする指導**が行われるようになってきています。

いずれにしても、教師が強面で生徒を50分間いすに縛りつけるような形が通用しなくなっているのは確かで、生徒個々を尊重した指導はこれからもますます求められるはずです。

ここで問題になってくるのが**「授業の顔」と「部活動の顔」の二面性**です。ニコニコして、生徒を尊重した授業をしている先生が、部活指導になったとたんにムスッとした表情で「授業と部活は違うからな」とうそぶく。

こういうことが実際にあるのが部活指導の現状で、このような旧態依然とした現場の空気を最も端的に物語るのが体罰です。ある事件をきっかけに、全国から問題提起されています。しかし、体罰に行き着くスタイルが究極の指導であると考えている指導者がいまだに存在するのは紛れもない事実です。しかし、仮に体罰の伴う指導によって生徒が力を出せたとしても、それは強制や恐怖を恐れての結果に過ぎません。外発的動機付けには限界があります。

そこで意識したいのが、**「地続きの指導」**です。

授業はこう、部活動はこう、というように自分の指導スタイルを変えないということです。生徒の意欲を高めるべく、場の雰囲気を大切にする授業をしているのであれば、それを部活動にも採用するわけです。

例えば、公式戦で監督のまわりに生徒が集まるようなチームは理想的です。一方、普段から恐怖で支配する指導がなされているチームでは、生徒は常に顧問の顔色を気にし、萎縮しながらプレーしています。そんなチームでは、顧問のまわりに生徒がいません。しかも、そんな指導者ほど「生徒に積極性がない」などと言いがちです。生徒に問題があるのではなく、普段の指導スタイルに問題があると考えるべきなのに。

変に気張ることなく、よいことも悪いことも受け入れて指導すれば、生徒はプレーに集中できるでしょう。生徒に対して格好をつける必要はまったくありません。お互いが立場をわきまえていれば、くだらない冗談を言い合うような関係でもよいと思います。**指導スタイルを部活動だけ変えようとすると、かえっておかしくなってしまう**のです。

「空き店舗活用」で始める部活動の組織づくり

新しい学校に赴任したり、新任で教師になったりして部活動の顧問になったとき、その組織づくりの第一歩は、空き店舗に新しいお店を出すことにイメージが似ています。**はじめから新築を望まず、とりあえず既存のもので使える部分を活用して、運用する**ということです。

既存の空き店舗の活用
⬇
リニューアル
⬇
建て替え・新築

というイメージです。

では、なぜこうするのでしょうか。

生徒には慣れたシステムがある

どんなに優れた実績、経歴をもつ指導者でも、来てすぐに今までのシステムを全部変えるとなると、生徒は違和感を覚えます。集合時間やウォーミングアップのしかたなど、今までずっとやってきたシステムがあるわけです。これを**いきなりフルモデルチェンジするとなると、生徒は「なんか窮屈やな」「やりにくいなあ」と感じる**ことでしょう。

元気のいい生徒、もっと言うと、指示を聞かせるのが難しいような生徒であれば、この違和感は俄かに反発心に変わります。

スタート時のビッグウェーブは今後の士気にも影響するので、慎重にいきたいところです。

前任者を否定しない

システムを新しくするということは、既存のシステムによくない点があるということです。運用していく中で「ここはこうした方がいいな」と思って改善するなら別ですが、**着任してすぐの変更は、「今までのシステムではダメだ」と言っているのと同じ**ことです。

例えば、生徒の信頼が厚かった顧問から部の指導を引き継いだとき、

「今日から全部変えるぞ」

と言うと、

「来てすぐに何や。偉そうやな」

と必ず生徒の反発を招きます。

もし前任者があまり信頼を得られていない先生だった場合には、とらえようによっては生徒に歓迎されるかもしれません。しかし、「前任者を否定する」という図式自体は同じで、「そうか、やっぱり○○先生（前任者）は間違ってたんやな」「ほら見たことか」と生徒を誤った方向に調子づかせてしまうことになります。これにもやはり大きな問題があります。

新しいルールやシステムが確固たるものでなければなし崩しになる

「よし、すぐにこの形にしていこう！」と意気込んだところで、果たしてそのシステム

は長い期間にわたって運用可能でしょうか。可能であれば問題ありませんが、途中で機能しなくなると、また変更を余儀なくされます。ひょっとすると、既存のシステムに戻るかもしれません。失敗を恐れる必要はありませんが、見通しも立っていない中での頻繁なシステム変更はナンセンスです。

アイデアがあるならじっくり温めておき、生徒が既存のルールで苦しんでいるなら、様子を見てからの方がかえって話もしやすくなります。

時間はかかっても真摯に生徒と向き合う

どんなシステムにも、それが用いられている理由が必ずあって、実際に運用してみると、「なるほど、そういうことか」と納得できることがあるはずです。運用しているうちに違和感を覚えることが出てきたなら、改善すべき点をチェックしておくとよいでしょう。このように、**初期段階は「改善していくための準備期間」と位置付け、既存のシステムをじっくり観察していきます。**

やがて**一定期間を経た段階で、「リニューアル」を試みます。**ここでは軽微な変更、改善にとどめます。屋台骨はまだ触りません。このころには生徒との関係もある程度できていることが理想です。

「そうか、それならそうしよか」

といいろいろな場面で生徒から声を吸い上げておきます。

「リニューアル」が済めば、あとは「建て替え・新築」です。この段階になって、ようやく自分のカラーが全面に出せるようになります。シフトチェンジのタイミングは以下の3点です。

1 よりよい改善策があるとき
2 結果が伴わないとき
3 人間関係の問題が見えたとき

1は大前提なので、1＋2 or 3が適正な時期と言えます。

このように、時間はかかっても真摯に生徒と向き合えば、必ず組織はよくなっていきます。組織がよくなれば、技術指導に充てられる時間が増えるので、その分チームも強くなっていきます。こうなってくると部活動指導がとても楽しくなってきます。

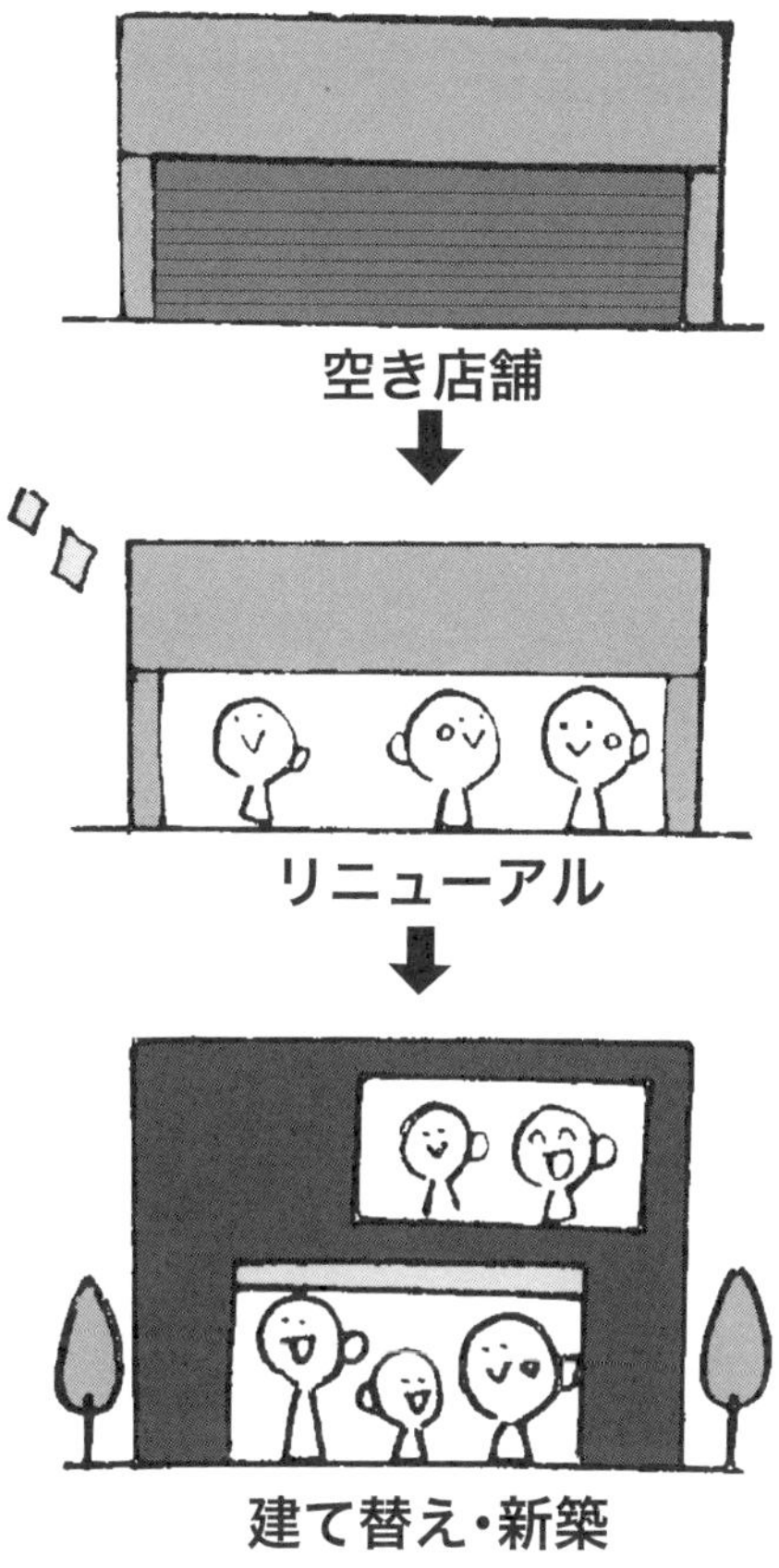

組織を掌握するための13のアプローチ

❶学校内外の評価を把握する

自分が指導することになった部の学校内外の評価（評判）を把握しておくと、組織づくりはしやすくなります。

おもしろいことに、学校の内と外で必ずしも評価が一致しないというケースがあります。例えば、公式戦で一定以上の成績を収め、対外的には強豪と目されているのに、学校内の評価は芳しくない、といったことが実際にあります。

この場合、学校内での評価がよくないのは、おそらく部員なり顧問なりが学校内での役割を全うしてこなかったことが考えられます。顧問がまともに校務をせずに部活指導ばかりしてきた。部員が授業や委員会活動、行事の取り組みに熱心でなかった。場合によっては指導の対象になっていた。こんな状態では、いくら試合でよい成績を上げても学校内ではだれも評価してくれません。

逆に、学校内の評価が上々であれば、それまでの対外的な成績の良し悪しなどはあまり気にする必要はありません。学校内の評判がよい部は、きっと保護者からの評判もよいはずです。強いて言えば「もっと強くなってほしい」という要望はあるでしょうが、土台がしっかりしているので上積みが十分期待できます。

このように、**部の評価というものは、組織の土台がしっかりしているかどうかの大切な目安**なのです。

❷部の伝統を理解する

常勝チームには、勝ち続ける理由があります。それはしっかりとしたシステムが脈々と受け継がれているからです。まさしくそれが伝統であり、いわば**全自動で部活動ができてしまうような状態**です。

もし受けもった部がそういった伝統あるチームなら、まずは生徒や保護者からしっかりその内容を聴いていくとよいでしょう。先に述べた「空き店舗活用」の考え方に照らすと、脈々と受け継がれて来たものを無理に変えようとする必要はありません。

ただ、部外者には奇異に感じられる伝統が存在する場合もあります。

例えば、保護者が交代で必ずお茶の当番をしなければならない、対外試合で生徒は荷物を持たず保護者が車で運ぶなど、保護者に一定以上の負担が強いられるケースです。

違和感を覚えたら、まずは学校の同僚や他の学校の先生に尋ねてみるとよいでしょう。部の伝統は簡単に変えられるものではありませんが、**保護者に大きな負担を強いたり、生徒にあまりに迎合し過ぎているようなものは、生徒の成長を阻害します。**

逆に、そういった伝統がまったくない部を指導することになったらどうすればよいのでしょうか。その場合は「伝統がないこと」を利用します。つまり、自分たちで新しい伝統をつくっていくのです。

ただ、**伝統がないことの背景には、顧問の引き継ぎがしっかりなされなかったという理由が潜んでいる場合があるので注意が必要**です。部活指導にあまりかかわりたくない顧問が生徒とのかかわりを軽視すれば、よい伝統もあっという間に消えてしまいます。これは特に、中学校の部活動ではよく聞く話です。

いずれにしても、伝統をつくるために部活動をするのではなく、よい活動が伝統をつくっていくものと心得ておく必要があります。

❸部がもつ空気や雰囲気に敏感になる

例えば、後輩が先輩にタメ口で話しているなど、その部がもつ空気や雰囲気に敏感になることも大切です。このような光景を目の当たりにしたら、即時に指導した方がよいでしょう。あまり厳格な上下関係も考えものですが、一定の線引きは部内によい空気、雰囲気をつくるうえで欠かせません。

その部がもつ空気や雰囲気は、試合中の生徒の動きなどにも影響します。よい雰囲気のチームの生徒たちは、実にシステマチックに動きます。当然のことながら、プレーにも抜け目がありません。

自分が指導に当たることになった部の空気や雰囲気がよくないなと感じたならば、その原因を究明する必要があります。特定の生徒のせいなのか、それとも部員全員にかかわる問題なのか。ひょっとしたら練習方法やプレーの部分が影響しているかもしれません。いずれにしても、原因がわかれば手の打ちようがあります。

ちなみに、特定の生徒が原因だと判断した場合にも、いきなりその生徒の指導に当たるのではなく、じっくり他の生徒から実態を聴き込みます。急ぎ過ぎると部全体に悪い影響を与えるような事態を招く恐れがあります。

よい空気や雰囲気は、目標を明確に意識できる組織運営があってはじめて醸成されるものなのです。部を占めている、場を占めている空気を変えるのは容易ではありません。これらはいわゆる「ヒドゥン・カリキュラム」で、生徒も顧問も認識していない日々の何気ない行動が原因になっているものです。

❹活動環境を整える

学校によって設備や施設などの活動環境はまったく違います。

例えば、私の現在の勤務校は非常にグラウンドが狭く、野球の試合は絶対にできない規模です。大阪の中心に位置する学校なので、都会の真ん中でなんとかグラウンドを確保しているという状況です。

一方、よい点もあります。グラウンドの水はけが抜群によく、朝方の雨なら夕方には練習ができる状態にまで回復します。しかも毎日使うことができます。学校の規模が小さいので、部の数が少なく、競合しないのです。

このように、活動環境は様々なので、弱点や利点を早い段階で把握し、今ある環境でいかによい活動ができるかを模索してみましょう。

あれがほしい、これがないからできない……といった不満は、少なくとも公立中学校の部活動では高望みし過ぎです。**設備や施設を隈なく調べれば、できることは意外にたくさんあります。**

例えば私は、狭いグラウンドにピッチャーが投球練習をできるようなブルペンを、体育の先生の許可を得てつくりました。設備を隅々まで観察し、小さなグラウンドでも毎日使えるという利点を生かした工夫です。

また、体育館で活動する部の場合、設備が古かったり、整備がされていなかったりと、活動環境に危険が伴いやすいことへの注意が必要です。

このように、活動環境を整えることは顧問の務めであり、腕の見せ所でもあります。あまり難しく考える必要はないので、ちょっとでも自分の部のプラスになる要素を探していけばよいと思います。

❺道具をチェックする

よい道具はよいパフォーマンスにつながります。生徒の意欲にもつながり、部の成績にも大きな影響をもたらすものです。

まずは、学校に現存する道具を一つずつ丁寧に点検します。

道具の中には個人の好みが分かれるものもありますが、もし前任の顧問に好きなメーカーがあったりすると、道具がそのメーカー一色になっている場合もあります。しかし、当然のことながら、生徒にとっては、メーカーよりも、使い勝手や、単に新しいものであることの方が重要です。

特に注意が必要なのが、生徒の安全に直結する道具のチェックです。例えば、ヘルメットにひび割れがあったとすれば、まずはそれを新調すべきです。塗料が完全にはがれ落ちたバットも破損の恐れがあります。もし、それらを生徒が好んで使っていたとしても、耐久性に不安があることを理解させたうえで、なるべくそれに近いものを新調したいところです。

もし前任の顧問が経験者でなく、道具にあまり詳しくない方だったなら、**必要な道具のリストをつくってチェックする**ことをおすすめします。あればいいものや、なくてはならないものがそろっていないということが往々にしてあるからです。特に購入を急ぐ必要がある道具であれば、事務の方にかけ合ってでも早めに購入するべきです。

❻ルールの裏にある理由を認識する

部のルールは活動の「背骨」です。これがしっかりしていないとうまく部としては活動できません。ルールと言っても、それが文章で存在しているケースは稀で、多くの場合は不文律です。

ルールの存在を実感するのは生徒の動きを見たり、実際に活動したりしてからなので、なかなか目に見えてこないと、新任の顧問としては焦ってしまうところです。

しかし、ここはじっくり生徒に一つずつ聴いていきます。**「わからないことは生徒に聴く」という当たり前の教師の姿勢を示す**わけです。

それを、自分の感覚のみで判断して指導に当たると、思わぬ事態を引き起こします。例えば、「電車移動する際、車内では席に座らない」というルールがその部には存在していたとしましょう。それを知らずに、

「座らないと周りの人の迷惑になるぞ」

と注意したら生徒は困ってしまうはずです。口調が厳しかったりすると露骨に反発する生徒もいるかもしれません。生徒は、ルールでダメと言われているから座らないのです。だからまず、なぜ座らないというルールになっているのかを生徒に尋ね、その理由が曖昧だったり、理不尽なものだったりしたら、生徒と相談しながら変えていく、というぐらいのスタンスがよいでしょう。

「改革ありき」で動いていくと生徒は反発するだけです。顧問自身には納得できないルールにも、必ずそれが設けられた理由があります。その理由をしっかり認識したうえで指導にあたるべきです。

❼姿の見えない部員と向き合う

部の中には、普段の活動で顧問の目には姿が見えない部員が存在することがよくあります。何らかの事情があって、部には所属していても活動に参加することができない、いわゆる「幽霊部員」です。彼らは何か理由があって参加できていないのです。それがたとえ怠けであっても、それはそれで一つの理由です。こういう生徒とはできるだけ早く話し合いの場をもつようにします。

「前の顧問の先生がちゃんと指導してくれなかった」「先生のやり方に納得がいかなかった」ともっともらしい意見を述べる生徒もいます。まずはそれを聴いてやりましょう。

指導者を批判的に見る生徒は、その他の学校生活においてもそういう目で教師の姿を見てしまいがちです。いずれにしても体制に馴染めない芽をもっている生徒です。彼らの理想とする方針をしっかり聴き、それが顧問としても納得できるようなものであれば「ならばそうなるように一緒にやっていこう」と言い、いい加減なものであれば指導する必要があります。

辞めたいという意思が強いのであれば、理由をしっかりと聴いたうえで学級担任とも相談しながら考えていくとよいでしょう。辞めたいと言ってくる生徒をどんどん辞めさせるような組織づくりはやはり問題です。じっくりと、多方面からそれぞれの生徒に向き合う必要があります。

❽キャプテンの機能を見定める

キャプテンは毎年変わります。だから、顧問に就任したときのキャプテンだけ見ても何もわからないかもしれませんが、**キャプテンはその部の活動のかがみ**です。規範であり、良識です。そういう重い責任を一手に引き受けるのがキャプテンという存在です。一チームに一人しかいないとても重要な人物です。

まず、キャプテンの指示がどのように通っていくかを見ることが大切です。**よいチームは、キャプテンを頂点とした指示系統が非常にしっかりと整っています。**キャプテンが指示を出しているのに、それに従わない部員がいるチームは、よいチームとは言えません。キャプテンの指示は指導者の指示と同じ重みをもちます。ですから、集団がそれを真剣に受け止められないのは問題です。

キャプテンがどのように決定されているのかを知ることも必要です。話し合いで決めているケース、顧問から任命されるケース、部員全員による選挙で決めているケースなどその方法は様々です。その部が組織としてどのような特徴をもっているのかを垣間見ることができるよいポイントです。

チームのカラーは、キャプテンの姿勢にかなり影響されるものです。場合によっては、マイナスの部分が強く出てしまうようなケースもあります。いずれにしても、キャプテンは顧問のよき相談相手であり、生徒の意見の代弁者です。この関係が弱ければ、この部分の補強はチーム力を上げるチャンスになってきます。

チームのキーマンが、どのように機能しているのかを見定めていきましょう。

❾主力選手の関係性を把握する

試合において主力となる選手は、チームには欠かせない存在です。だからこそ、彼らの性格や練習態度、意識を知ることは今後の活動の方針を左右します。

試合で中心になるということは、チーム内でもそれだけ発言力や影響力があるということです。ですから、もし彼らの練習態度が不真面目であればそれは大きな問題です。

真面目に練習していないのに試合で使ってもらえる。だから努力をしない。でも、控え選手は力が足りないので試合に出られない。これでは、主力選手とそれ以外の選手の溝が深まる一方です。もし気になる主力選手がいたら、できるだけ早いうちに話し合いの場をもち、いろいろと気持ちを聴いておくとよいでしょう。気になる選手は絶対に放置しないことです。

逆に、主力選手たちの意識が高く、頼もしい存在であれば、どんどん協力体制を強くしていけばよいでしょう。顧問の気持ちにしっかりと応えてくれるはずです。

また、**主力選手同士の人間関係の把握も重要**です。主力の中にもし後輩選手がいるなら先輩との関係性を見ておく必要があります。行き過ぎたなれ合いの関係や控えの先輩に対するぞんざいな態度などがみられる場合、正しい上下関係についてしっかりと指導する必要があります。

主力選手の戦力としての分析を、こうした人間関係をわかってからやるのと、わからずにやるのとでは大違いです。部活動にはプレー以外の多くの時間があります。その時間の様子にこそ、彼らの本来の姿が出てきます。自分勝手なプレーをする選手がいたら、それをどのようにチームがとらえているのかも把握しておきたいところです。正しい人間関係があっての部活動です。

⑩積極的に控え選手とのコミュニケーションをはかる

大所帯の部では、部員のほとんどは控え選手です。大会の近い時期ともなると、主力選手ばかりに目が行きがちですが、**チームの大部分を占める存在の控え選手をうまく機能させることが、チーム全体の底上げにつながります。**

控え選手であっても、ひたむきに練習に取り組む生徒は少なくありません。試合に出られる機会は少ないのに健気に努力する姿は指導者の心を動かします。どうにかしてその生徒のよさをチームに生かすことができないか。顧問のこういった姿勢が控え選手のモチベーションに大きく影響します。

私自身も控え選手でした。それも試合にほとんど縁のないような目立たない選手でした。でも休まずに練習に参加していましたし、学校の活動にも積極的に参加していました。当時の顧問の先生はそんな私にいつも声をかけてくださったので、とても心強かったのをはっきりと覚えています。

一方、サボり癖のある控え選手は、顧問の頭を悩ませる存在です。サボっていて実力が伴わないのは自業自得ですが、かといって置き去りにはできません。うまくなることより、真面目にやること。真面目も立派な才能なのです。

まずは、体力面、技術面、精神面、これらのいずれを強化したらよいのかを選手ごとに見極めましょう。現状把握ができてきたらそれを直接話してやるのもよいでしょう。**控え選手は指導者とのコミュニケーションに飢えています。**糸口を見つけて話すことだけが目的でもかまいません。主力選手たちもそのような顧問の姿勢を見ています。生徒間に技術の差はあっても、強い友情関係で結ばれています。ですから、控え選手との接し方を誤ると、チーム全体の士気低下を招きます。

⓫データをとって生徒の身体能力を把握する

現有戦力をうまく機能させてやっていくのが部活動ですが、同じ指導者が見ていると選手の同じところばかりに目が行くもので、そうなると試合で使われる選手が自ずと固定化されてしまいます。その陰で、実は主力選手よりも身体能力が優れているのに、うまく生かされていない選手がくすぶっている、というようなことが往々にしてあります。

そういったことを解消するために、**年度当初に体力テストを実施する**のも一つの手です。すると、それまで試合に出場する機会が少なかったにもかかわらず、実はチームで一番足が速い、肩が強い、力が強いなど、意外なデータがとれる場合があります。

選手個々の身体能力がデータとして把握できたら、スタメンの見直し、打順変更や守備位置のコンバートなどによって、選手一人ひとりの力をより有効に活用することが可能になります。もちろん選手個人だけでなく、チームとしてもよい刺激になり、全体のパフォーマンス向上につながります。

謙虚なのかそれとも本心なのか、**生徒は自分の強みに案外関心がありません**。つまり、自分ができるプレーのリミットを知らないということで、これは選手としては非常にもったいないことです。データをとってしっかりと身体能力を把握すれば、そんな自分の能力に気付いていない生徒に、

「肩が強いから一度ピッチャーをやってみようか」

「足がそれだけ早いなら盗塁の練習をもっとやってみようか」などなど、わくわくするような提案をすることができます。

ジャイアンツの鈴木尚広選手は走塁のスペシャリストです。非常に高い成功率で盗塁記録をどんどん伸ばしています。自分の足の速さを本人が熟知しているから記録も伸びているわけです。部活動でも、生徒個々の身体能力を把握し、それをフィードバックすることで生徒自身に意識させたいものです。

⑫生徒一人ひとりの素行をきちんと把握し、理解する

部活動を生徒指導に活用して学校を活性化させている例をよく聞きます。もっと突っ込んだ表現をすると、しんどい子を部活動で引っ張るということです。

こういった例をあげるまでもなく、部員たちは選手である前に生徒であり、生徒として日常生活を全うさせるのが我々教師の役目です。授業や友人関係、学校生活に、家庭生活。これらのすべてが100％な生徒はいません。というよりも、100％でないのが当たり前なのです。

部活動はがんばっているけれど授業では寝ている。真面目に見えるけれど、授業でも部活動でもこっそりサボっている。こういった生徒一人ひとりの素行をきちんと把握し、理解することで指導の幅は劇的に広がります。一面的に見るのでは、その生徒の本来もっている力を引き出すことができません。

100%な生徒はいなくても、100%を目指すことに意義づけをして、それを目指すことは可能です。目指す過程でもがき苦しみ、成長していくのです。

⓭学業成績を把握し勉強への動機づけをはかる

生徒の本分は何といっても授業を受けることであり、我々教師は授業を通して生徒に学力をつけることが本分です。

生徒の学業成績は、部活動におけるパフォーマンスとも密接につながっています。思考は言語で行われます。理解して実行する力はまさに学力です。勉強が得意な生徒はプレーにおいても飲み込みが早いものです。また、たとえ控え選手だったとしても、スコアを書いたり、係の仕事を自分で考えて行ったりすることができます。やはり**勉強はできるに越**

したことはないのです。

もちろん、勉強が苦手でもレギュラーで活躍する生徒はいますし、勉強ができないとよい選手になれないわけではありません。しかし、競技のレベルが上がれば上がるほど、考えるプレーは増えてきます。例えば、野球ではカウントごとに作戦が変わります。その作戦もただ漫然と実行するのでは相手の意表をつくことはできません。相手の何手も先を読んで行動しなければならないのです。

勉強が苦手な生徒は、集中力に難があるケースが少なくありません。おもしろくないから、好きじゃないから集中力が続かない、では困るのですが、そこでの粘りが課題になってきます。

私は**定期テストで目標点を設定させ、マイナス分を30ｍダッシュに置き換える**ということをよくやります。これがもっとハードなペナルティで、走りたくないから勉強する、という生徒が多かったりすると考えものですが、**勉強のちょっとしたモチベーションにつながり、実際にがんばろうとしている生徒が多い**ので、比較的有効です。

ともあれ、生徒の学業成績の把握と勉強への動機づけは、部活動の組織づくりにおいて欠かせません。

組織づくりの軌道修正の仕方

ここからは、「空き店舗活用」でいうところの「リニューアル」について述べていきます。徐々に顧問としての自分のカラーを出していく段階ですが、いろいろと注意しなければならないこともあります。

ルールの修正の仕方

部のルールの修正は、部の方針を転換することを意味します。だとすれば、そうするべき明確な理由が必要で、**修正する前に「なぜ修正するのか」「なぜそう変えるのか」ということを部員にしっかりと理解させなくてはなりません。**

さて、「なぜ修正するのか」について考えてみると、以下のような2つのパターンが想定されます。

1　現ルールがよくない（Bad→Good）
2　現ルールよりもっとよいルールがある（Good→Better）

例えば部の中に、「集合時間ちょうどに集まってくればよい」という（暗黙の）ルールがあったとします。これを1のパターンでとらえるのであれば、「15分前に集まる」というルールを提案します。このようにして、**プライオリティの高いものから順番にBadをGoodにしていきます。**生徒の理解さえ得られれば、ここでのGoodはあくまで顧問の基準でよいと思います。周囲の意見などに惑わされず、カラーを出していけばよいのです。

2のケースは、もともとのルールが悪いわけではないので、変えてもよさは見えにくいかもしれません。ですから、その分慎重を期する必要があります。

部のルールは部員に「理解してもらう」ものではありません。「理解させる」ものです。ルールは組織を変えます。繊細、かつ大胆に実行していきましょう。

練習方法の修正の仕方

例えば、ウォーミングアップの一挙手一投足が顧問として納得のいくものになっているでしょうか。もしキビキビと動いており、しっくりくるものであれば、何も修正する必要はありません。

一方、**生徒が何のためのウォーミングアップなのかわからないまま、ただ動いているだけ、という状況は問題**です。こういった場合には、練習方法を修正する必要があります。

練習方法の修正のポイントは以下の3点です。

1　ノイズの除去（むだなことをしていないか）
2　惰性の除去（意味が見いだせないことをしていないか）
3　強いチームの練習方法の導入（修正する意味が感じやすいモデルはないか）

1は、むだな動きや時間に注目して、それを除去していくということです。例えば、「練習中はダッシュ！」というようなルールはどのチームにもあるはずです。しかし、準備の時間や練習の合間の時間、片づけの時間はどうでしょうか。また、メニューとメニューの継ぎ目の時間が無自覚に過ぎていってはいないでしょうか。こういった**時間の見直しは、新しいメニューの導入よりも大切**です。

2は、**意味なく慣例で続いている練習を改める**ということです。生徒が「どの部分のアップをしているのか」「何のための練習なのか」を理解しないまま取り組んでいるのは問題です。中には、思いきって切り捨ててしまってよいものもあるでしょう。

3は、**練習に対する生徒のモチベーションアップにつながる**ので、検討してみたいものです。強豪校、有名な高校の練習法などは有効です。

これらの3点に注目して修正すると、練習にメリハリがついてきます。

活動環境の修正の仕方

設備や施設などの活動環境に関しては、**まずは既存のものがどれだけ有効に使われてい**

るかを精査する必要があります。

例えば、防球ネットの傷み具合。生徒は近くにあるもの、キャスターがよく動くものなどを使いがちです。そうなると、雨ざらしで放ったらかしにされているネットはすぐに傷みます。道具は使わないとすぐに傷んでしまいます。ですから、まずは道具が万遍なく使われているかどうかを確認します。

倉庫についてては、定期的に掃除を行い、整理整頓します。倉庫とは名ばかりで、大きなゴミ箱のようになっている、といったことはないでしょうか。道具を管理するためにはきれいな倉庫が必要です。いい加減な使い方をしている倉庫には、やはり道具も乱雑に置かれますし、盗難も心配です。

部室についても、倉庫と同じです。部員が座れるスペースをつくっておくと、ちょっとした交流の場になります。長居する場所ではないので、居心地を重視するのではなく、ロッカールームのようなイメージです。

活動環境を改めて整えると、プレーに対する集中度が変わってくる、ということもあります。場所をきれいに保つ、道具を大切に扱う、など、選手としては当たり前のことですが、それが当たり前にできていないことが少なくありません。ですから、時間をかけて継続的に指導していく必要があります。

ミーティングを通して修正する

部活動のルールやシステムを修正する際に欠かせないのが、ミーティングです。以下の点に注意しながら修正すべきことを検討させていきます。

- ●なぜこのテーマなのか……ミーティングで考える意義を確認する
- ●具体的方策……実際どのように修正すればよいのかを考える
- ●時間設定……「1時間でまとめよう」など、あらかじめ枠を示す

ミーティングの際に重要なのが、必ず書かせる、ということです。黒板やホワイトボードを使って、議論の様子を可視化させます。結論を得たことについては、部室に貼ったり、

1枚にまとめたものをプリントにしてノートに貼らせます。このようにして、**決めたことを必ず目に見える形で蓄積していくことが重要**です。

組織の運営の仕方

ここからは、組織の運営の仕方を中心にみていきます。前項のように、部活動の組織を掌握し、組織づくりを軌道修正できたとしても、それが日常的に正しく運営されて、はじめて組織の力は向上していきます。

現状把握の仕方

まず欠かせないのが、現状把握です。

野中信行先生は、学級経営において「3・7・30の法則」という有名な理論を提案されています（『学級経営力を高める3・7・30の法則』学事出版）。**3日目、1週間（7日）目、1か月（30日）目に注力せよ、という考え方**です。

野中先生のこの法則は、学級経営における新年度の「3・7・30」ですが、この考え方は、安定した部活動組織の運営のためにも運用できます。

例えば、よかれと思って修正したルールがうまく機能しないことがあります。機能しないこと自体も問題ですが、もっと大きな問題は、それを把握するシステムがない、ということです。

そこで、**少なくとも「3・7・30」のタイミングでは、必ず生徒に様子を聴き、新しいルールがうまく機能しているかどうかを確認します。**そこで微調整を行い、そのルールの本来の目的が果たせるようにします。どうしてもうまくいかないなら止める、これぐらいの判断があってもよいかもしれません。微調整は常に。回り続けるコマはありません。

リーダーの育成の仕方

チームにおけるリーダーは、何といってもキャプテンです。キャプテンを決めるときは、立候補や選挙（推薦）、顧問による指名など、いろいろな方法があります。

私は、その**年度によって選出方法を変える**ようにしています。強力なキャプテンシーをもっている生徒がいるのに、わざわざ選挙をする必要はありませんし、どの生徒がよいかと迷うような状況のときに顧問が一方的に指名するのもどうかと思います。一番理想的なのは、生徒の中から推される子がおり、その子もキャプテンになることを望んでいる、というケースです。そのケースが当てはまるときは、生徒の意思に任せます。

いずれにしても、生徒の意見を聴くのは非常に大切なことです。これからチームをまとめていく人物を決めるわけですから、それは当然のことです。新チームであれば、日替わりでキャプテンをさせて、様子を見るのもいいでしょう。

さて、キャプテンが決まれば、今度はその生徒を名実ともにキャプテンに育てていかなければなりません。

例えば、ちょっとした指示であってもキャプテンを呼び、全体に指示をさせます。たとえ他の生徒が私の近くにいても、「キャプテンを呼んで」と指示します。これは**指示系統を一本化するためと、キャプテンに責任を自覚させるため**です。こうすれば、キャプテンは「自分がしっかり伝えないといけない」と自然と思うようになり、チームの他の生徒たちも「先生の指示はキャプテンから受けるもの」と思うようになります。これがしっかりと浸透すると、指示がスムーズに通るようになります。

また、キャプテンになると、どうしても自分が先頭に立って何かをしなければ、と思うものです。しかし、キャプテンの生徒には、「集団から少し距離を置いて、渦を眺めるような位置で指示を出すように」と話します。渦に入ってしまっては全体が見えません。キャプテンは渦を回す役目です。

ここではキャプテンについて述べましたが、部内に何かの係をつくるなら同じことが言えます。リーダーというポジションを認識させ、リーダーとして接してやることで自覚が芽生えます。

話し合いや相談の機能のさせ方

円滑に組織を運営し、チーム力を高めたいと思うとき、話し合いや相談は欠かせません。どれだけ優秀な指導者であっても、一人では何もできません。

部内において、生徒が一番相談しにくい相手は、間違いなく指導者である顧問です。もし、生徒たちの間に不満やストレスが蓄積されるような状況があれば、何かをきっかけに、相談などとはほど遠い「クーデター」に近い現象が発生します。

もっと軽微な段階で相談ができていれば、大きな騒ぎにはならなくて済んだかもしれません。生徒は言いたくても言えないから不満が蓄積し、自分一人ではできないから結託して顧問に抗議しようという格好になるわけです。こうなると、たとえ事態が収拾しても、後味は非常に悪いものです。

このような事態に陥らないようにするためには、ごく単純なことですが、顧問が生徒と話をしやすい環境づくりを心がけていくしかありません。「バッティングフォームを見てください」「変化球を増やしたいんですが」など、**技術的な相談は生徒にとっても比較的しやすいものなので、こういったやりとりをきっかけに話の糸口をつかんでいく**とよいでしょう。技術的な相談が遠慮なくできるようになれば、徐々にもう少し突っ込んだ話をしてくれるようになるものです。

話し合いや相談の重要性は、顧問と生徒の間だけにとどまらず、先輩と後輩の関係でも同じことが言えます。後輩が先輩に技術的なことを質問したり、チームの運営に関して先輩が後輩に聞いたりと、お互いの立場を尊重しつつも、話し合いや相談が遠慮なくできる関係性をしっかりとつくり上げることが重要です。そのためにも、顧問が率先垂範で、話をしやすい環境づくりを行っていく必要があります。

もちろん、指示して従わせるべきことと相談して決めることとの区別はしっかりつける必要がありますが、偉そうにしたり、意味もなく声を荒げたりせず、**トップダウンとフラットをうまく使い分け、常日頃から生徒とのかかわりを大切にしたい**ものです。

目標に向けた取り組ませ方

部活動では、様々な目標を立てます。その目標に生徒が本気で取り組んでこそ、目標を設定する意味があります。仮にものすごく大きな目標を打ち立てたとしても、一生懸命になれないようなものでは意味がありません。むしろ、現実味がない目標は活動の意義をかすませてしまうことすらあります。

ただ、ここで言いたいのは、大きな目標を立ててはいけない、ということではありません。たとえ大きな目標であっても、結局は小さなことの積み重ねによってそこに至るわけですから、**目標を実現するために、いったいどれぐらいの小さな目標を設定し、クリアしていけばよいのかをしっかり頭に描いて活動することができればよい**わけです。

そのためには、指導者からの日常的な発信が重要になってきます。私のチームの目標は、「大阪一の野球部になる」ということです。漠然とした目標に聞こえますが、そこに至るための細部にこだわりをもって活動しています。

例えば、体育の授業で手を抜いている生徒を見かけたとき、

「クラスで一番になれない子が大阪一になれるの?」

と言葉かけをします。このように、学級一、学年一、学校一、地区一、ブロック一、大阪市一、大阪府一……というような**細かなステップをイメージしながら、日常会話の中で生徒の中に目標への意識を浸透させていきます**。

このように、大きな目標は、公言することが縛りになり、生徒が身を律するよい刺激になり得ます。

維持・持続のさせ方

最新の技術や練習方法などについては、関連書籍や専門家によるセミナーなどで盛んに情報が発信されており、それらをチームの練習や活動に組み込むことがあります。お金を出して得た情報には、さすがに大きな効果があります。

しかし、残念なことにそれらの多くが長続きしません。取り入れたことを維持したり持

続したりするための働きかけがなければ、生徒はもちろん、指導者自身も徐々に熱が冷めてきて、結局元の形に戻る……ということが少なくありません。

そうならないために、「この間決めたやり方で、みんな動きよくなったよね」「この方法でやっていけば困らないよね」と、**取り入れたことの効果が確実に得られていることを折に触れて確認する**ようにします。

チームを組織として運営していくとき、毎日目新しいことをする必要はありません。大切なことは「繰り返し」です。ルールやシステム、練習方法などが決めた方法でできているかどうかを顧問が自分の目できちんと確かめ、キャプテンにも確認を求めます。

そうして効果がありそうなものは続けていくべきですが、これは目に見える効果が出てこないと生徒はなかなか有用性を感じません。確かに、目に見える効果がなければわざわざ変える必要はなく、今まで慣れ親しんだものの方がよいに決まっています。

いずれにしても、部活動においては、まさに継続こそ力です。継続しないと力にも何にもなりません。すぐに前の形に戻りたくなる生徒たちにどのように前を向かせるのか。そのためには、**効果を実感させて成功体験を積ませるしかありません**。決まったことを維持、持続できてはじめてチームが組織として機能します。

組織の強化の仕方

機能している組織とのかかわり方

手とり足とり教えてきたことが、生徒の力だけでスムーズに動くようになると、顧問はほとんど何もすることがなくなってきます。いわゆる「全自動」の状態です。

キャプテンがリーダーシップを発揮して指示を出し、パートリーダーも同じように自分の立場で指示を出せるようになります。**目標や方法がしっかり共有されているので、顧問はそこからはみ出そうとした生徒に「おい、それは違うよ」と声をかける程度で十分**です。

また、ルールが確固として機能していれば、ルールから逸脱するようなことが起こっても、「そういうルールだったか？」と問いただせば、生徒自身が逸脱に気付くことができるはずです。

ルールを逸脱したときのペナルティを設定するような場合も、生徒たちにミーティングで決めさせてもよいかもしれません。しかし、あまり厳しくなりすぎるようなら、当然それは再考を促す必要があります。

ちなみに、ペナルティを与えたい生徒をあえて練習に参加させてがんばらせる、というのも一つの手です。そもそも、厳罰を避けるためにルールを守るのではありません。あえて生徒を囲っている柵を外し、生徒の自覚を確認するわけです。

大会見学を通したモチベーションの高め方

チームの組織が固まってくれば、試合、特に大会で結果を出したいと生徒たちは思うようになります。勝ち進めばどうなるのか、ということを具体的にイメージさせてやるのも、生徒のモチベーションを高めるのに非常に有効です。

例えば、地区大会の準決勝や決勝は好カード、好ゲームになることが多いはずです。こういう試合の様子を見学して、自分たちとどう違うのかを確認させます。それと同時に、**どこの部分では勝てるか、ということをチェックさせることも大切**です。地区大会レベルであれば、勝負は紙一重で決まり、実力はほとんど差がないことも多々あります。

しかし大会では、「この相手なら自分たちでも勝てそうだ」と思うチームが勝ち進んでいくということもあります。そして、勝ち進んでいくにはそれだけの理由が必ずあります。そこにミーティングやレベルアップの材料がゴロゴロ転がっています。

また、大きな大会になると、中学生でもきれいな施設で試合ができます。大阪市であれば、秋は高校野球の夏の予選の決勝の舞台にもなる舞洲ベースボールスタジアムで試合ができます。黒土に天然芝、大きなスタンド……。そして、電光掲示板には選手の名前が出ます。これがもし自分の名前だったら……。こういう想像は生徒の意欲を大いに刺激します。**勝てばここでゲームができる。こういう憧れがチームを大きく動かします。**

大会は見るものではなく出場するもの。このチームを倒さなければ自分たちは一番にはなれない、と目標がかなり具体的に可視化されます。足りないものと上回っているものを自覚できたとき、新しい課題へとステップアップしていけるのです。

練習試合を通したチーム力強化の仕方

大会で上位に入るような強豪チームと対戦すると、自チームの課題をたくさん発見することができます。勝てるチームには勝つだけの理由があります。野球であれば、ピッチャーがよい、守備がうまい、信頼できる強打者がいる……などなど。

仲のよいチーム、学校が近いチームとばかりゲームをしていては、生徒も「またか」と変に慣れてしまいます。そういう意味で、強豪校との対戦はイベントなのです。強豪校との対戦を予定表に載せておくだけで、選手のモチベーションアップにつながります。

ところで、実力のあるチームとはどのチームも試合がしたいと考えています。相手に好投手がいれば、ウチの打者と対戦させたいと思うのが顧問の正直な気持ちです。だからこそ、**強豪校ほど早めに対戦をお願いしておく**必要があります。

そして、**強豪校と対戦した後には、自チームと力が近いチームとの練習試合を組む**ことをおすすめします。すると、「あのチームに比べたら……」と、比較対象が試合をやった強豪校になり、「自分たちは負けてはいけない」と、よい緊張感をもってゲームに臨むことができます。実力を発揮すれば勝てるチームがある、ということは生徒にとって大きな自信になります。

「たまには負けないといけない」とある強豪校の顧問の先生が仰っていましたが、逆にどんなに力のないチームでも「たまには勝たないといけない」と思います。**練習したことが結果につながるという成功体験は絶対に必要**です。組織は成功体験の繰り返しで成長していきます。公式戦での勝利は何よりの成長材料です。

他校との合同練習を通したチーム力強化の仕方

チーム力の強化という観点から言うと、他校との合同練習も非常に効果的です。練習試合はよく行われますが、実は練習を一緒にすることからも学ぶことが多くあります。

自分たちの当たり前が練習相手には新鮮であったり、相手の当たり前に多くのことを学んだり。アップのランニングのかけ声や走り方に始まり、すべてに学びの要素があります。まったく同じことをしているのに、違う風景になることもあります。相手がダラダラしているとすれば「あ、ウチの方がええよな」と思います。逆に「うわぁ、声がすごく出てるわ」と感心することもあるかもしれません。この**「同じことの差」を体験させることが何より大切**です。簡単なポイントで言えば、早さと大きさ。行動が早い、返事が早い、反応が早い。声が大きい、返事が大きい、反応が大きい。こういう違いを見せつけられると生徒の闘争心に火がつきます。

野球の技術的な面以前の部分に差を感じれば、やはり試合では気後れしてしまうものです。逆に言うと、どうすれば相手は警戒してくれるかということも同時に考えられるはずです。場合によっては、相手に油断させて試合で抜け駆けするという方法もあるでしょうが、ずっと油断させるわけにはいきません。

合同練習の回数を重ねてチーム同士が仲良くなれば、技術的なことの教え合いもできるようになります。特に、**オフシーズンは単調なトレーニングになりがちなので、こういう交流は生徒の気持ちもリフレッシュさせてくれる**でしょう。

高度な技術指導の仕方

顧問にとって部活動で一番楽しいのは技術指導です。この時間をいかに多くするか、いかに他の指導に時間をとられないようにするかがチーム力強化のカギです。

もし顧問になった部が自分の専門競技ならば、どんどんレベルの高いことを指導していけるのが理想です。

高度な技術指導においては、無意識に見過ごされるような細かいことも徹底する必要があります。例えば、野球で「流し打ち」を指導する際は、細かな身体の動きや理屈をきちんと言語化して伝えてやらなければなりません。そのためには、**指導者も気付きを絶えずメモするなどの日々の蓄積が大切**です。

また、作戦や戦術面の指導に関して言うと、小さなことを積み重ね、チームとしてそれをストックしていく必要があります。ちょっとしたプレーを繰り返し練習しても飽きない、そして忘れないのが強いチームの必須条件です。

一方で、専門ではない部の顧問になったら、これは勉強して知識を補うしかありません。ただ、専門外の顧問ならではの強みもあります。それは「セオリーにとらわれない」ということです。専門でやってきた人はどうしてもセオリー通りにやろうとしがちです。当人はそういうものだと思い込んでいるので、なかなか他の方法がとれないのです。

実際、ご自身は野球の専門ではないのにチームを全国大会に連れていった先生の「ランナー2塁は『スクイズ』だ」というお言葉を聞いたことがあります。これを聞いたとき「そんな作戦があるのか」と私は度肝を抜かれました。**固定観念がないことが大きな武器になっている**のです。

いずれにしても、競技の知識を得るためにある程度の苦労は避けられませんが、素質のある生徒がたくさんいるチームを受けもったら、強いチームと対戦をたくさんして、戦術やプレー、所作を真似ていけばよいでしょう。

周囲に愛される部員、生徒の育て方

練習や試合に一生懸命打ち込む姿は、周囲の応援を誘います。部員同士でも同じで、「アイツ、いつも大きい声出してるよな」「いつもだれより早く片づけ始めるよな」と、ひたむきに取り組む生徒は、周囲から好感をもたれます。

そんな生徒が試合に出たとき、おそらく仲間たちは必死にその子を応援するでしょう。応援してもらえるから実力通り、実力以上の働きができる。それが自信になり、また活躍する。そうするとプレーでも信頼されるようになる。こういった好循環が生じやすくなります。

大阪府立春日丘高校野球部を率いて甲子園に出場した経験をもつ神前俊彦さんは、「応援すれば応援する者の気持ちがわかる」「応援しなければ、応援されない」と語られています（冊子『春日丘野球部の姿勢』より）。

これは、部活動にとどまらず、普段の学校生活においても大切にしたいことです。練習や試合で周りに声をかけられる生徒は、クラスでも同じような声かけができるはずです。片づけの手際がよい生徒は、掃除もテキパキと進められるはずです。**部活動で身に付けた力や自信を、学校生活に活用させていく**のです。

学級委員長や班長、学校行事のチーフなど、大人数を動かす仕事に従事すると、視野が一気に広くなります。そうなると自分勝手な行動が減り、自分の言動が周囲にどう影響していくかということを考えるようになります。そういった経験が、今度は部活動にもプラスの効果をもたらします。

まさに、好循環の連鎖です。

生徒個人の目標との向き合わせ方

チームの組織を強化するためには、チームの目標とは別に、個人で目標を設定させることも必要になってきます。「大阪一のチームになる」だけでは、生徒個々の目標がどうしてもぼやけてしまうからです。

そのために**「部活動ノート」**を書かせます。書かせることがいかに有効かは、実際にやってみれば納得できるはずです。

部活動ノートは、**書くことが目的なのではなく、チームや個人の目標にどれほど近づけたかを日々確認することが目的**です。ですから、たくさん書くことを課す必要はありません。例えば「1日5行以上」などといったフレームをつくってしまうと、そこに到達するためのノートづくりになってしまいます。

私は、毎日最低1行は書く、ということだけ決めています。ものすごく低いハードルと思われるかもしれませんが、部活動を途中で抜けて塾や習い事に通う生徒も多く、夜の10時まで塾、帰宅して学校の宿題、それから部活動ノートを書く……となると、いったい寝

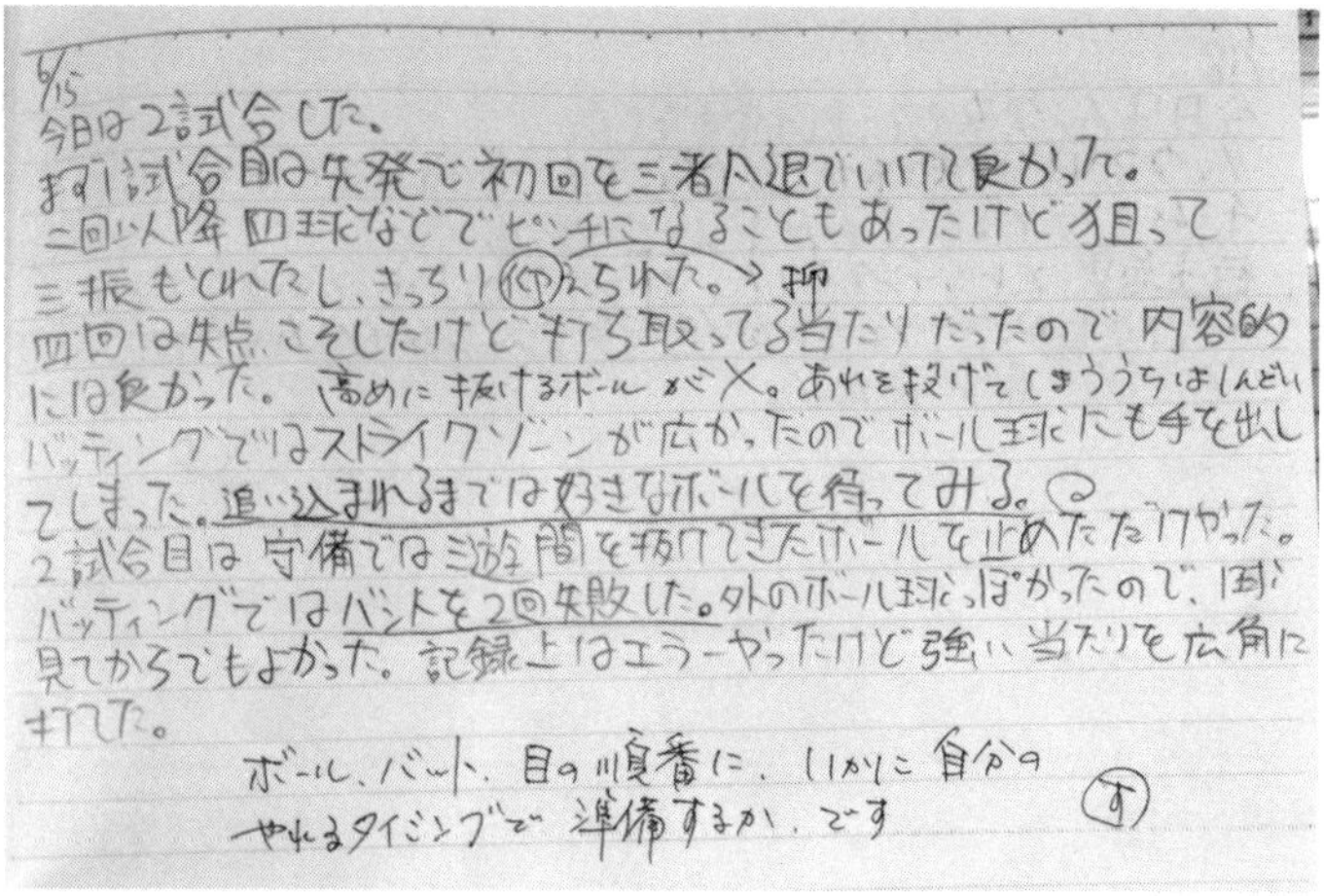
6/15
今日は2試合した。
まず1試合目は先発で初回を三者凡退でいけて良かった。
二回以降四球などでピンチになることもあったけど狙って
三振もとれたし、きっちり抑えられた。
四回は失点こそしたけど打ち取ってる当たりだったので内容的
には良かった。高めに抜けるボールが×。あれを投げてしまううちはしんどい
バッティングではストライクゾーンが広かったのでボール球にも手を出し
てしまった。追い込まれるまでは好きなボールを待ってみる。◎
2試合目は守備では三遊間を抜けてきたボールを止めただけだった。
バッティングではバントを2回失敗した。外のボール球っぽかったので、
見てからでもよかった。記録上はエラーやったけど強い当たりを広角に
打てた。
ボール、バット、目の順番に、いかに自分の
やれるタイミングで準備するか、です
(す)

試合のあとはその反省がつづられています。

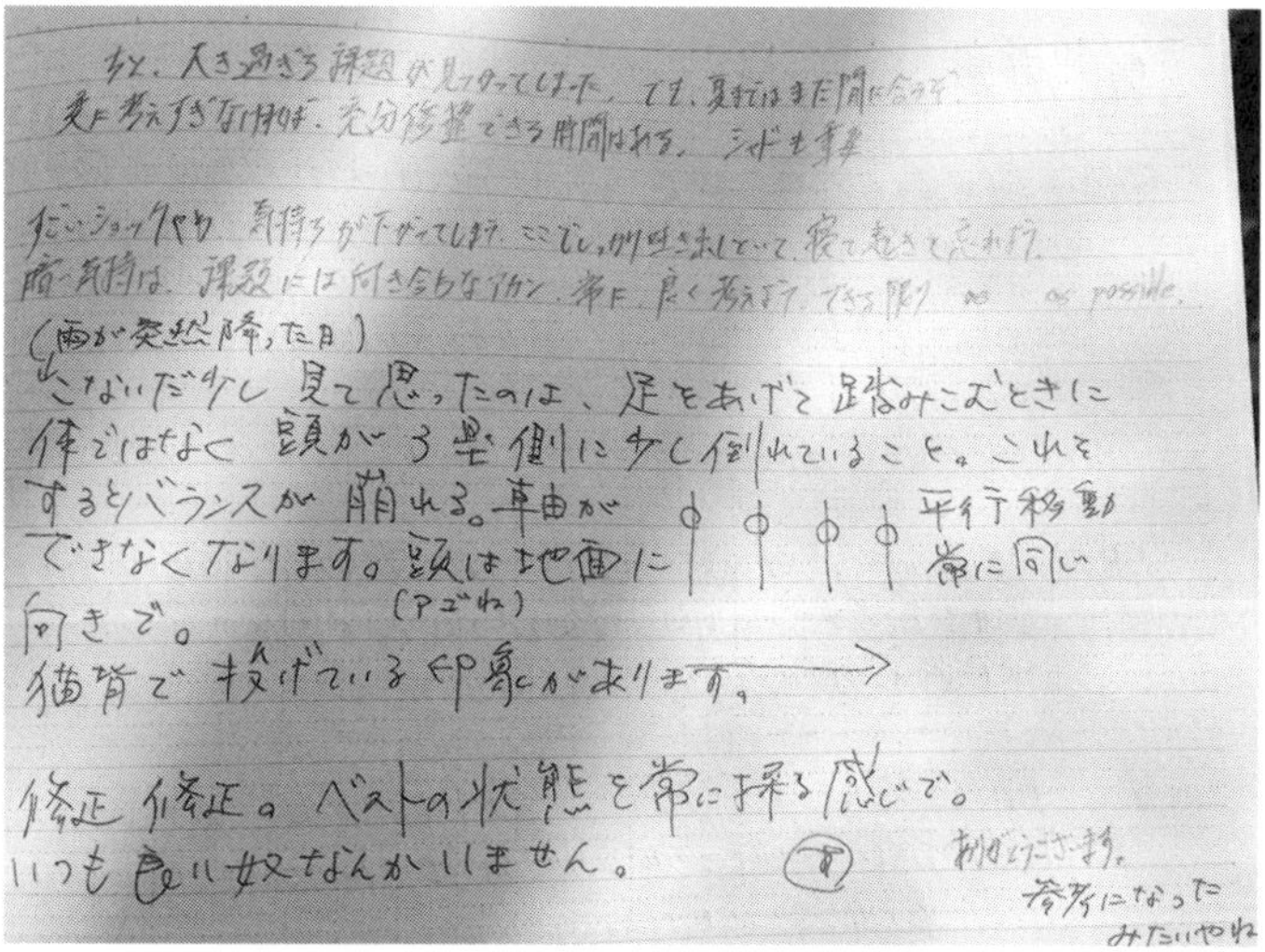
あと、大き過ぎる課題が見つかってしまった。でも、夏までにはまだ間に合うで。
変に考えすぎなければ、充分修整できる時間はある。
すごいショックやわ。気持ちが下がってしまう。ここでしっかり吐き出しといて、寝て起きて忘れよう。
前向きな気持ちは、課題には向き合わなアカン。常に良く考えよう。できる限り as … as possible.
(雨が突然降った日)
こないだ少し見て思ったのは、足をあげて踏みこむときに
体ではなく頭が3塁側に少し倒れていること。これを
するとバランスが崩れる。軸回転が
できなくなります。頭は地面に
(アゴね)
向きで。
平行移動
常に同じ
猫背で投げている印象があります。→
修正 修正。ベストの状態を常に探る感じで。
いつも良い奴なんかいません。
(す)
ありがとうございます。
参考になった
みたいやね

必要に応じて具体的なアドバイスをします。

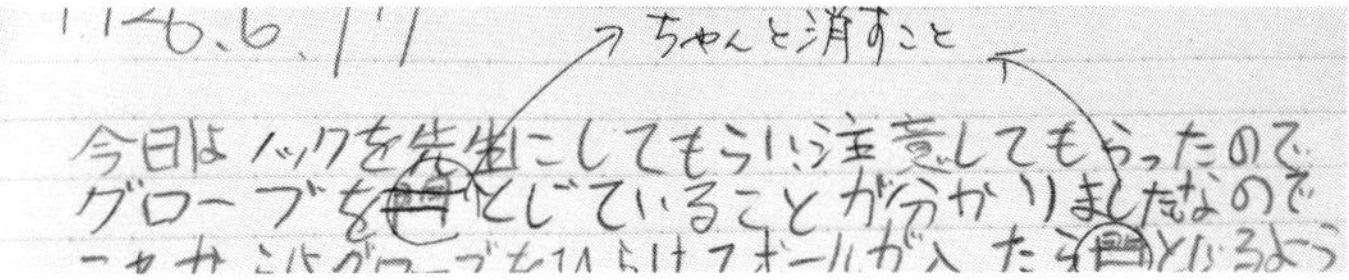

1年生には基本的な書き方の指導もしっかり行います。

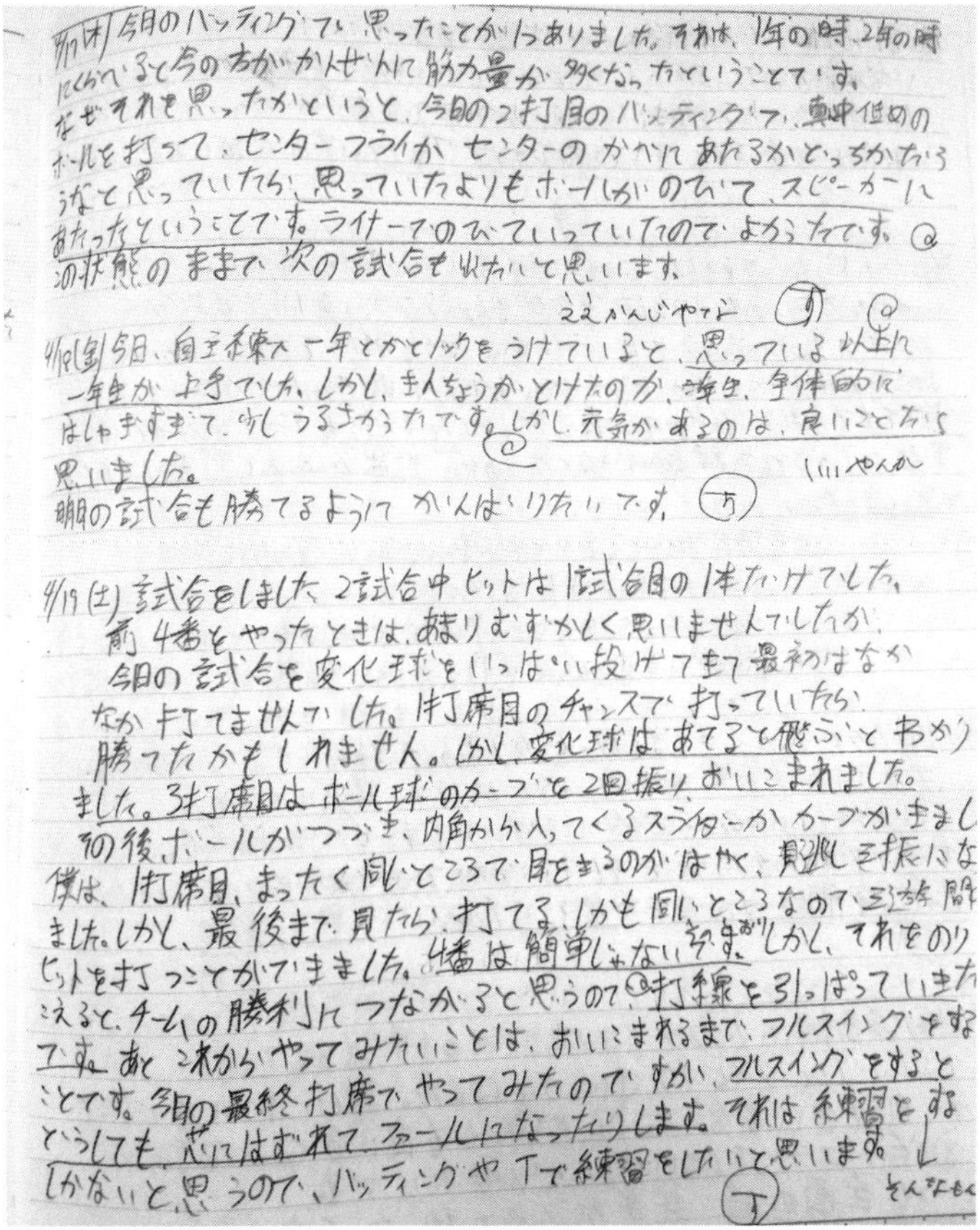

4番打者のノートには打撃に関する細かな反省がびっしり。

るのは何時になるでしょうか。

また、**ハードルをわざと低くすることで「時間がなくて書けませんでした」という言い訳をさせない**ようにします。持続的に取り組ませる工夫です。

要するに「書こうという意思があるのかないのか」という単純な命題に日々向き合えるかということです。

顧問も、日々の校務に支障が出てはいけないので、生徒と約束するのは「気になった箇所にアンダーラインを引いて返す」ということだけです。もちろん、質問が書かれている場合や、具体的なアドバイスが必要と思われる場合、励ましが必要と思われる場合などには、きちんとコメントを残します。

生徒と顧問の目標の共有の仕方

私は**「野球部の教科書」**という30ページ程の小冊子を部員に配布しています。この中には、部活動の経営方針と具体的に何をどうすればよいのかが明記されています。以下のような目次で、特に**「なぜしなければならないのか」を徹底的に追求した記述**になっています。

●挨拶　●掃除　●道具の扱い　●敬語
●反応　●日常生活（学校生活）　●対外試合（遠征、練習試合）

部活指導の中で「きれいに掃除しなさい」「挨拶を大きな声で」「敬語を使いなさい」など、当たり前のように言われているフレーズがたくさんあります。では、なぜそれをしなければならないのでしょうか。この質問に、指導者として一つひとつはっきりと返答できるでしょうか。中学生ともなると、ありきたりの答えでは納得しません。それがどのようにプレーにつながるのか、自分やチームにどういう効果をもたらすのかといった次元で考えておく必要があります。

そこで、私は**「すべては野球につながっている」**という結論で、どのように行動すべきかの指針を「野球部の教科書」に示しています。目指すところは、それらの内容が顧問と生徒の間でしっかり共有、実践されることで、ストレスフリーの関係を築くことです。

組織づくりでしてはならないこと

生徒への迎合

「楽しい練習」という言葉から、どのような練習が想像されるでしょうか。目標があって、チームとしてそれを実現するために一生懸命取り組む。それを「楽しい」と思っていることが理想です。

しかし一方で、気ままに好きなことをするというのも生徒は楽しいと感じます。本当はこういう練習がしたい、と思っているのに生徒が嫌がったり、あからさまに態度がよくない。こういうときは指導が必要です。

例えば、守備の練習が必要なときに、「先生、みんなバッティングがしたいと言っています」とある部員が言ってきたとします。では、「みんな」とはだれのことでしょうか。

また、なぜバッティング練習がしたいのでしょうか。このように、きっちりと理由を聞いて、生徒の真意を確かめる必要があります。安易に生徒の提案に乗ってしまうと、一部の勝手な意見が部の方向性を決めてしまうようなことにもなりかねません。

特に、**着任当初は生徒も何かと新しい顧問を試してきます**。ここで、部員間で力をもっている生徒の言いなりになったりすると、そのスタイルがずっと尾を引くことになります。迎合すればそのときは波風が立たないかもしれませんが、それでその後もうまくいくはずがありません。

何と言っても、**部の活動方針は顧問が決めるもの**です。いくら生徒と相談することが大切だ、何でも相談して決めよう、といっても、生徒の勝手を許すということではありません。

一部の生徒の特別扱い

生徒に平等に接するのは、教師として指導者として当然のことです。一方で、生徒個々に応じた声かけや指導が必要なのも事実です。

中には声をかけにくい生徒もいます。単に無口なのであれば大きな問題はありません。しかし、常に不機嫌な生徒や変に大人びたことを言う生徒がいます。こんな生徒とは「ああ言えばこう言う」式の、ややもすると気分を害するようなやりとりをしなければ話ができないことがあります。しかし、こういう生徒にも**毅然として対処し、チームの輪に入れてやるのが顧問の仕事**です。

「アイツに言ったらどうせ文句ばっかりで言い返される」と顧問がひるんでいては他の生徒が浮かばれません。顧問にもそんな態度で振る舞うわけですから、きっと他の生徒にはもっと横柄に接しているはずです。

また、**自分が目をかけている生徒に寛大すぎることも問題**です。指導者も人間である以上、どうしてもそういうひいき目で見たくなる生徒は出てきます。しかし、そういう生徒がよくない行動をすることもあります。指導すべき場面で特別扱いすると、周りに示しがつきません。きちんと指導してやることがその生徒のためでもあります。

また、うまい生徒はプレーでしかられる場面があまりありません。だから他の生徒はうまい生徒は特別扱いされていると思いがちです。この点について、私は**「うまいヤツほどしかってやれ」**と大先輩の先生に教わったので、そのことを意識するようにしています。

ルール違反の看過

ルール違反はチームにとって害悪でしかありません。ルールをちゃんと守っている生徒にすれば、非常に迷惑な話です。しかも、ルール違反をしている生徒が何の注意も受けることなく、部活動に参加しているとすればなおさらです。

違反をした生徒には、「何がいけなかったか」をしっかり見つめさせます。最終的に「チームに迷惑がかかること」を自覚させて、以降の行動の様子を見ることになります。

違反するとチームの士気が下がり、それに対処している時間が自分たちのうまくなる時間を減らしていきます。そのように、**自分が周囲の迷惑になっているということをしっかりと理解させることが大切**です。

部で違反に対する取り決めをつくっておくと、対処がスムーズになります。場合によっては、指導者間で共有しておくとよいかもしれません。ただし、昨今懲罰的な指導は理解が得にくくなっているので、生徒の人権に十分配慮する必要があります。また、生徒指導上の大きな事案であれば、部の他の生徒に話しにくいこともあります。ただ、そんな場合でも、すべてをオープンにしないまでも、部の生徒たちには何らかの説明が必要です。そのうえで行動の改善を促すことになります。

また、部活動〇日停止など、ルール違反に対するペナルティはいろいろな方法があるでしょうが、それが生徒の反省を促すものであるかどうかはよく考える必要があります。いずれにしても、あまり極端なペナルティは周囲からの理解が得られません。**ペナルティは、懲らしめるためのものではなく、あくまで行動を改めさせるためのもの**であるということを忘れないようにしたいものです。

学校という枠組みを逸脱するような指導

組織がしっかりと機能し、抜群の成績を収めるようになってくれば、チームとしては申し分のない状態です。

しかし、指導者が勘違いしてはいけないのが、部活動はあくまで学校という枠組みの中で行われる活動である、ということです。つまり、部活動のルールは、学校（や社会）のルールに反するようなものであってはならないのです。

チームが強くなればなるほど、顧問の求心力は増し、影響力も強くなります。そうなると、何気なく発した一言が生徒の生活にまで影響するようなこともあり得ます。

例えば、自己肯定感が低く、何かにつけて後ろ向きな姿勢だった生徒が、部活動にやりがいを見いだし、一生懸命取り組むようになったとします。

ところが、その反動か、授業中や行事の取り組みなどには非協力的で、ときには指導の対象になり、「部活の先生から『オレの言うことだけ聞いておけばいい』と言われている」と口走ったとします。実際の発言がその言葉通りでなかったとしても、それに類する発言が生徒に誤った認識を植え付けてしまっているのは事実です。

この例は極端としても、**「部活では我慢してるんや」と、日ごろの厳しい部活動のはけ口として学校生活をとらえる生徒は少なくありません。**

学校生活での態度がよければ、生徒の部活動に対する取り組みは好意的に受け止められ、その部も応援してもらえるようになります。ですから、部活動だけがんばる生徒を育てるというのは明らかな間違いです。

実際には、「この子にあれもこれも求めるのは酷だ」という生徒もいるのは確かです。

しかし、そんな場合でも、**周囲に勘違いされないための最低限の生活態度などは教えてや**

らなければ、結果としてその生徒のがんばりすべてが周囲から否定的にとらえられることになってしまいます。

4章

Case study

部活動の
トラブル
シューティング

特定の生徒が部の空気を乱している。

顧問がいるときといないときで練習態度が違う。

部内にいじめの兆候が見られる。

部活動にトラブルはつきもの。

問題が発生したときに顧問の真の力量が問われる。

前の顧問からほとんど引き継ぎがされないまま正顧問になりました。どういうことから手をつければよいのかわかりません……

Case 1

まずやるべきことは、顧問になった部の現状把握です。とにかく、その部の「実態」を一日でも早く知る必要があります。どんなムードで活動しているのかを肌で感じてみましょう。

場合によっては春の大会中ということもあり、悠長に対処できないこともあります。そんなときは、活動の中で積極的に部員とコミュニケーションをとりながら、部の全体像をとらえるとよいでしょう。急ぎで進める必要のないときは、部員たちとじっくり対話したいところです。

気を付けなければならないのは、部の現状に否定的な発言を頭ごなしにしない、ということです。学級経営と同じで、ここでのつまずきは、その後の部活動経営に大きな禍根を残すことになります。

「先生、経験者なんスか?」

「若いっスね」

などと、生徒に軽いかかわりをされてもていねいに対応します。顧問の競技経験の有無は部員にとっては大きな関心事ですが、たとえ経験がなくても、真摯に生徒と向き合えば大丈夫です。

まったく競技経験のない部の顧問になり、どのようなスタンスで指導を行っていけばよいのかわかりません……

Case2

部活指導がしんどいケースの一つに、専門外の競技の指導をしなければならないということがあげられます。

まずは、自分の身の丈以上の指導をしようと思わないことです。できないことはできない、知らないことは知らないとハッキリ言い、同時に、挨拶、掃除の仕方、上下関係など、自分ができることからしっかりと指導することです。偉そうに言うのではなく、あくまで謙虚に指導を行うスタンスです。

しかし、やはり技術的な面の勉強はしなければなりません。お茶を濁したような指導では生徒は絶対に満足しません。技術指導に勝る部活指導はないのです。どれだけ精神論を説いたところで、それは技術指導とセットになってはじめて生きてくるものです。生徒が思うようなパフォーマンスができたり、チームとして結果が出たりするからこそ、顧問への信頼も厚くなっていきます。

もし可能であれば、他校と練習試合や合同練習をやってみましょう。その競技を専門としている先生の指導はきっと参考になることが多いはずです。本などから学ぶこともできますが、実際の指導者の姿を見て学ぶのは、自分のとるべき行動がイメージしやすいのでおすすめです。

前の顧問の先生が熱心に指導されていて、実績のある部を受けもつことになりました。ところが、顧問になった早々、保護者からたくさん要望が上がってきて困っています……

Case 3

部活動における自分の指導方針を、早い段階で保護者に伝えてみてはどうでしょうか。保護者会を開催したり、指導方針や目標を掲げたプリントを配布したりして、自分がどのような活動にしていきたいのかを明確にするわけです。

どういったことを伝えるかについてですが、「礼儀正しく」「日常生活を大切に」など、よくある言葉ばかり並べると、かえって意図が伝わりにくいかもしれません。あまりにありふれていて、真意が見えてこないからです。自分の言葉で自分の意思を素直に伝えた方が、保護者も安心されるでしょう。

ただ、指導方針を伝えてもなお要望が続く場合もあります。そんなときも、安請け合いはせず、聴く姿勢を絶えず持ち続けることが大切です。できることは実行し、難しいことは自分のできる範囲で手をつけていく、それぐらいの構えで向き合うとよいでしょう。

全部を受け入れると自分のキャパシティを超えてしまい、最悪の場合は心身を壊しかねません。身を削ってまで部活動の指導をすると、その他の業務に必ず差し支えが出ます。

「できること」と「できないこと」をはっきりさせる。このように、シンプルに考えてみてください。

集合時の遅刻が後を絶ちません。
その都度指導するのですが、同じ
ことが繰り返されています……

Case4

まず、遅刻のようなルール違反に対して「なぜそれをしてはいけないのか」という確固とした答えをもっていると、指導がしっかりとやりきれるようになります。

「遅刻は仲間を不安にさせる」

「技術的なことに時間をかけたいチームの足を引っ張る」

「遅刻は準備不足の象徴。チームのムードを一気に悪くする」

などと話をします。

そして自分たちで決めたチームの目標やルールを守れないのは、勝ち負け以前の問題であるという認識を生徒自身にもたせることです。「おい、アイツ何してんねん」「みんなの迷惑や」というムードがチームにできたら、自然と遅刻は減り、なくなっていくでしょう。

遅刻に対して、顧問だけが憤慨しているというのが一番まずい状態です。「なんで遅れて来るんだ！」と学校外で叱責したりしようものなら、遅刻した生徒が反省ではなく恨みの感情をもっても不思議ではありません。こういった場合、その場では軽く指導して、後でペナルティを課すというのも一つの手です。

同じ生徒が遅刻を繰り返す場合は、時間をかけてチームの方針になじませていくしかありません。あせらず、じっくりと指導していくことが大切です。

指示に対する生徒の反応が薄く、指導をしていても生徒がそれを素直に聞き入れているように見えません……

Case5

そもそも「生徒はいつでも従順に顧問の指示や指導をすんなり受け入れる」と思うことが間違いです。顧問の指導方針を受け入れ、目標を共有できて、はじめて指示や指導にしたがって動くようになります。そのために、部活動の組織づくりをしていくのです。

ですから、顧問になりたての段階であれば、そんなに焦る必要はありません。指示が前の顧問と違い過ぎるために戸惑っている、何をすればよいのか教えられていない、など何かしらの原因があるはずです。単純に新しい顧問を軽く見ているということもあり得ます。

もしこういった状況が一定期間続いているのであれば、しっかりと改善していく必要があります。その場合も、生徒が不満に思っている何かが必ずあるはずです。指示が通らないような状態で集団に投げかけても本音は引き出しにくいので、こういった場合は、まずキャプテンや主力選手に話を聴いてみるとよいでしょう。練習法や選手起用など、不満の原因となっているフラストレーションをしっかりと吐き出させます。

ただし、焦りから安易に生徒に迎合するような姿勢は禁物です。一方的に生徒の要求を飲むのではなく、話し合いが必要ならそういう場を設ければよいでしょう。

また、指導者の偉そうな態度や、教室とまったく違う姿には、必ず生徒が違和感を覚える、ということも心しておきたいところです。

特定の生徒が部の空気を乱しており、周囲の生徒が常に彼を気にして動いているように見えます……

Case6

「真面目に取り組む生徒が損をしない」。これは、部活動において大切にしなければならないことの一つです。ですから、ただ自分が楽しみたいだけで参加している生徒は絶対に指導しなければなりません。

元楽天監督の野村克也さんは、指導者と選手のかかわりについて、「人間は、〝無視・賞賛・非難〟という段階で試されている」と表現されています。しかし、これはプロ野球の世界だからできることで、我々教師は〝かかわって・無視されてもかかわって・振り向くまでかかわって〟という姿勢であるべきです。

もし、どれだけかかわっても顧問の方針を受け入れられないのであれば、その生徒は本来その組織にいなくてもよい存在なのかもしれません。しかし、部活動において、排除の論理で生徒と向き合うことは顧問がやってはなりません。何とか行動の根拠をつかみ、チームのためにどうすればよいかを考えさせていきましょう。

例えば、その生徒がピッチャーで、仲間のエラーに露骨に腹を立てるような態度をとるのならば、「完全試合をしてみろ！」と言いきるぐらいの姿勢でぶつかってみるべきです。相手の立場に立つ訓練も、思春期の生徒たちには重要なことです。

一生懸命練習をしており、普段通りやれば勝ってもおかしくないはずなのに、どうしても試合で勝つことができません……

Case 7

試合に勝つ。すべての運動部の顧問がそのために日々の指導を行っていると言っても過言ではありません。ですから、たとえ練習試合の1試合でも、そんなに簡単に勝てるものではありません。

特に、公式戦となると、生徒が緊張してしまい、普段通りの力を発揮することが難しくなります。まず、選手が指導者の顔色をうかがうような状態をつくってしまうと、普段通りの力を発揮することはできません。例えば野球であれば、練習だと前に一歩出てノーバウンドでとるボールを、エラーを恐れるあまりワンバウンドするのを待って捕球する、といった具合に、その影響がプレーの面にもあらわれます。

ですから、生徒が思いきってプレーできるように、「エラーはあるものと考えてプレーしなさい」といった言葉かけが大切になります。失敗してはいけないと思うから、エラーやミスに落ち込むわけです。実際にだれかがエラーしたら、「自分だってやるときはある。みんなで声をかけてやろう」と一声かける。こういった言葉かけがチームの空気を変えていきます。

また、普段の練習の中に失敗を想定した場面をつくり出し、その失敗をどう乗り切るかといった展開をとらえる訓練をすることも効果的です。

顧問がいるときといないときで生徒の練習に臨む態度が全然違うようで気になります……

Case8

練習のときに顧問がいないと、生徒はかなり気楽になります。おかしな話かもしれませんが、アピールすべき相手がいないときの方がリラックスしてプレーできるということもあるわけです。

ですから、顧問がいないときの練習の空気が緩むのも、100％悪いことばかりではないのです。完璧を求めて、ちょっとでも緩んでいる様子があれば「なんだ、あの練習は！」と怒鳴りたくなることもあります。しかし、「じゃあ先生、練習に出てくればいいじゃないですか」と生徒は心の中で思うはずです。

そう考えると、生徒にすべて任せるぐらいの気構えで、「お互いにがっかりするような時間の使い方はやめよう」と伝える程度でも十分かもしれません。

ただ、どんどん練習の空気が緩んでいきそうになったとき、チームがそれをお互いに注意し合える組織になっているかどうかという点は重要です。顧問としては、キャプテンに練習の様子を聴いたりしながら、気になることも自分で目の当たりにするまで泳がせます。「結局、だれのための練習なのか」を生徒自身に気付かせるためです。

「すいません」は顧問に言うべき言葉ではなく、チームに対して発せられるべき言葉です。

「○○部（顧問を務める部）の子は落ち着きがないね。部活は一生懸命なのに」と同学年の先生から言われることがあります……

Case9

これは、部活動以前の問題で、教師として指導をするべき場面です。部としての指導ではなく、一人の生徒の日常生活についての指導になります。

学校で部活動ができる時間は、平日は多くて2～3時間程度です。一方で、授業などその他の学校生活は約7時間ほど。この7時間の過ごし方は、部活動にも確実に影響するものです。

ただし、顧問が生徒指導に深入りし過ぎることには注意が必要です。よく聞かれる話ではありますが、部活の顧問の言うことだけは何でも聞く、というような生徒の状態は健全なものではないからです。恐怖政治を敷いて「顧問の先生に怒られるから、普段の生活もちゃんとしないと……」と思わせたところで、その効果は一時的なもので、必ずどこかで反動が出ます。

部員の生徒には、「普段の学校生活がベースにあって、そこでのがんばりが大きければ大きいほど、その上にのってくる部活動の部分も大きくなる」など、顧問ならではのスタンスで話をしていくとよいでしょう。

いずれにしても、強いチームをつくっていくうえで、部員の普段の学校生活への目配りは欠かせません。

２年生のある部員に対して、他の生徒が冷たく接しているように感じられます。最近では１年生からもその生徒を軽んじるような言動が聞かれました……

Case 10

このケースは、ただちに部内で調査を行い、他学年の先生とも連携して指導に当たらなければなりません。単なる〝いじり〟と思っていたことが〝いじめ〟に発展しかねない重大な案件ととらえる必要があります。

部活動は三学年が共存する組織なので、何か問題があれば、このように大がかりな調査や指導が必要になります。

とはいえ、自分の所属学年ではない生徒の気質や雰囲気はなかなか感じにくいことがあります。特に、顧問に就任してすぐにこのような事態に直面したときは、実態を聴き取って問題をオープンにしていくことです。教師になったばかりの先生などは、「部活動のことは自分で……」と抱え込んでしまいがちですが、こういった人権上の配慮を要する事案は、他学年の先生や管理職に相談しながら指導することが最善策です。

標的になっている生徒は、楽しいはずの部活動がきっとつらいものになっているはずです。保護者の方にも様子をうかがったり、相談したりしながら、心のケアにも努めたいところです。スクールカウンセラーとの連携を考えてもよいでしょう。

塾や習い事に通っている生徒が多く、ケガをしている生徒もいて、全体練習を全員そろって行うことがなかなかできません……

Case 11

塾や習い事にはお金がかかっています。ですから、生徒が自分の時間が許す限りで部活動に参加するというのは致し方ないことです。自分で何時までなら参加できるという判断をすることも一つの勉強です。

限られた時間しか練習ができなくて損をするのはその生徒自身です。もし週に何度も練習を抜ける必要があるのならば、その分は自主練を行うなりして補填するしかありません。

ケガなどで部活動に参加できない場合も同様です。「ケガを押してでも練習に……」「痛くても試合に出るために……」などという根性主義的なムードが蔓延しているのは、チームとして健全ではありません。顧問は、「どこが痛いの？」「病院の先生がどういうふうに言ってたか教えてや」などと様子をうかがい、ケガが長引くケースなどでは「いつから練習をやってもいいか、一度聞いてみないとあかんよ」と復帰の時期を探ります。

ケガで一度練習から離脱すると、そのまま部活動自体を離脱してしまう可能性があります。生徒の気持ちを切らせないように、顧問の方からしっかりとコミュニケーションをとるようにすることが大切です。同時に、保護者との連携も不可欠です。

「自分ができる最大限で部活動に参加するように」と、生徒に自分の時間の使い方を考えながら日々を過ごさせましょう。

おわりに

私は野球が下手でした。でも、野球が好きです。指導者になっていつまでも野球がしたいと思って、中学校教師を目指しました。

昨今、教師の負担過多を理由に、学校から部活動を切り離して運営していこうという動きがみられます。専門技術を指導できる地域のプロに委託しようというものです。実際に部活動が自分の手を離れ、外部組織が担うようになったら……と考えると寂しくなります。一方で、教師の負担軽減を考えると、部活動指導がなくなるのは画期的なことであるとも思います。

そんな中、大阪市では「部活動指導の外部委託検討」のニュースが報道されました。教員の負担超過に対しての検討事項のようです。大阪市だけでなく、今後このような動きは全国的に広まっていくのかもしれません。まさに部活動のあり方自体が過渡期を迎えているのだと思います。我々現場の教師は、そうした報道を耳にしつつ、今日の指導にあたっています。ただ、検討されている最中でも日々の活動は当たり前のように行われています。

いずれにしても、こういった動きが学校現場に下りてくるのにはしばらく時間がかかるでしょう。そこで本書では、現行のシステムを前提として様々なことを述べてきました。

若い中学校教師は、間違いなく部活指導で困ります。たとえ競技経験や経歴に自信をもっていても、部活指導ははじめからそううまくはいきません。

かくいう私自身も、よいチームをつくりたい、よい選手を育てたいと思っていらっしゃる同志の先生方から、もっともっとよい方法を教えていただきたいと願う一人です。


最後に、本書を出版するにあたり適切なアドバイスをくださった、明治図書編集部の矢口郁雄氏に感謝申し上げます。ありがとうございました。

そして、家族、両親、尊敬する先生方に本書を捧げます。

多くの関係者のみなさまに見ていただけることを願いまして、本書の結びとさせていただきます。

大阪市立上町中学校野球部顧問　杉本直樹

【最後の最後に】
休みのススメ―これからの部活動指導で必要なこと

部活指導のタブーとも言える「休むこと」について，最後に述べておきます。本書の存在意義は，これを語らずして成立しません。

顧問がスケジュールを組むとき，どこに休みを入れるかというのは大きな悩みどころです。というより，そもそも「休みを入れるか否か」に悩むのです。「休むこと＝サボり」というイメージが，少なからずあるからです。しかし，当然ながら，我々も休日がなければ心身を壊しかねません。

そこで大事になってくるのが，顧問と生徒の間で休みの意義について共通認識をもつということです。私は，生徒に予定表を渡す際に「この日はどうしても外せない用事があるから」などと話しています。また，（大会前は土，日と連日活動することもありますが）週末は土日のどちらかに休みを設けています。

そのかわり，土日のどちらかに強いチームとの試合を組んだり，生徒が試合をやってみたい学校に対戦をお願いしたりしています。モチベーションの維持に努めつつ，休みがある前提で活動を計画するということです。

プレッシャーに押され，疲れを感じる中で活動されている先生は少なくないはずです。多くの学校で，休日の多くに活動が行われていますが，それはだれでもできるわけではなく，理想の形とも言えません。私が選手だったころは，休日はほとんど部活動という生活を送っていました。しかし，そのような活動は，自分が教師になってみると難しいものでした。

部活動を取り巻く環境では，「もっと活動させてやったらええのに」「オレらの若いころはこんなもんやなかった…」といった意見が幅をきかせています。また，組織が成熟してくると，生徒たちもより多くの活動機会を望むようになってきます。

しかし，身の丈に合わない活動は長続きしません。「何かが犠牲になっている」と感じた時点で，明らかにバランスは崩れています。そのスタイルはあなたには向いていないということです。

ですから，手を抜くのではなく，力の抜き方を覚え，余力があれば部活動の割合を増やしてみる，というスタンスに変えてみてはどうでしょうか。家族と相談しながら……，という考え方もあってよいと思います。

自分の状態と周りの声とのバランス，また本務と部活動のバランスも大切に。本書の最後に強調しておきたいと思います。

参考文献

・神前俊彦『やればできるぞ甲子園』（徳間書店）

・田尻賢誉・氏原英明『指導力。高校野球で脱・勝利至上主義を目指した11人の教師』（日刊スポーツ出版社）

・高校野球ドットコム編集部『野球ノートに書いた甲子園』（ベストセラーズ）

・荒井直樹『「当たり前」の積み重ねが，本物になる　凡事徹底─前橋育英が甲子園を制した理由』（カンゼン）

・高畑好秀『教師の悩みに答える　部活指導のヒント』（ラピュータ）

・橋上秀樹『野村の「監督ミーティング」』（日本文芸社）

・吉田浩之『部活動と生徒指導　スポーツ活動における教育・指導・援助のあり方』（学事出版）

・多賀一郎『ヒドゥンカリキュラム入門　学級崩壊を防ぐ見えない教育力』（明治図書）

・塚本哲也『勝つ　部活動の教科書』（黎明書房）

・ODECO子ども生活研究所『イマドキの［部活動］　中学校の現状に問題提起！』（メタ・ブレーン）

・野中信行『学級経営力を高める３・７・30の法則』（学事出版）

・中澤篤史『運動部活動の戦後と現在　なぜスポーツは学校教育に結び付けられるのか』（青弓社）

【著者紹介】

杉本　直樹（すぎもと　なおき）

1980年大阪市に生まれる。

現在，大阪市立上町中学校で国語科教諭として勤務。

前任校から野球部を指導し，現在で12年目（私立高校で講師経験１年）。小学校から地域の少年団でソフトボールを始め，中高と学校の野球部に所属。中学校当時の顧問の影響を受け，中学校教員を目指す。大学生のころは自分が所属した小学校のチームでコーチと監督を経験し，指導者としての楽しみを知る。

「教職員組織のチームワーク」「部活動組織論」「生徒指導」などが研究分野。「大阪一のチーム」を目指し，日々部活動指導に励んでいる。

（共著・連載など）

・『教師になるには』（一ツ橋書店）

・『学級経営・授業に生かす！　教師のための「マネジメント」』（明治図書）

・『「THE 教師力」シリーズ THE いじめ指導』（明治図書）他

アドレス　　bewith12@gmail.com

ツイッター　@bewith12

部活動指導スタートブック

怒鳴らずチームを強くする組織づくり入門

2015年２月初版第１刷刊　©著　者　杉　本　直　樹

2015年４月初版第２刷刊　発行者　藤　原　久　雄

発行所　明治図書出版株式会社

http://www.meijitosho.co.jp

（企画）矢口郁雄（校正）大内奈々子

〒114-0023　東京都北区滝野川7-46-1

振替00160-5-151318　電話03(5907)6701

ご注文窓口　電話03(5907)6668

＊検印省略　組版所　株 式 会 社 ア イ デ ス ク

ISBN978-4-18-156014-0